Páginas de recordações

Páginas de recordações

Memórias

Floriza Barboza Ferraz

Marina de Mello e Souza (POSFÁCIO)

Copyright © 2020 by Herdeiros de Floriza Barboza Ferraz
Copyright do posfácio © 2020 by Chão Editora

A editora empreendeu todos os esforços para identificar e localizar todos os detentores de direitos autorais sobre as memórias de Floriza Barboza Ferraz. Caso tenha havido alguma omissão involuntária, ficamos à disposição para esclarecimentos pelo e-mail editora@chaoeditora.com.br.

CHÃO EDITORA
EDITORA Marta Garcia
EDITOR-ADJUNTO Carlos A. Inada

CAPA, PROJETO GRÁFICO E DIAGRAMAÇÃO Mayumi Okuyama
PREPARAÇÃO Márcia Copola
REVISÃO Cláudia Cantarin e Isabel Cury
TRANSCRIÇÃO DO MANUSCRITO Fátima Jacomino
PRODUÇÃO GRÁFICA Lilia Góes
TRATAMENTO DE IMAGENS Jorge Bastos

DADOS INTERNACIONAIS DE CATALOGAÇÃO NA PUBLICAÇÃO (CIP)
(CÂMARA BRASILEIRA DO LIVRO, SP, BRASIL)

Ferraz, Floriza Barboza, 1874-1973
    Páginas de recordações : memórias / Floriza Barboza Ferraz ; Marina de Mello e Souza (posfácio). — São Paulo : Chão Editora, 2020.

    ISBN 978-65-990122-2-8

    1. Fazendas de café — História — Lençóis Paulista (SP) 2. Ferraz, Floriza Barboza, 1874-1973 3. Histórias de vida 4. Lençóis Paulista (SP) — História I. Souza, Marina de Mello e. II. Título.

20-34067   CDD-920

Índices para catálogo sistemático
1. Memórias autobiográficas 920
Cibele Maria Dias - Bibliotecária - CRB-8/9427

Grafia atualizada segundo as regras do Acordo Ortográfico da Língua Portuguesa (1990), em vigor no Brasil desde 1.º de janeiro de 2009.

chão editora ltda.
Avenida Vieira de Carvalho, 40 — cj. 2
CEP 01210-010 — São Paulo — SP
Tel +55 11 3032-3726
editora@chaoeditora.com.br
www.chaoeditora.com.br

Sumário

6   Páginas de recordações

269   Posfácio
     Marina de Mello e Souza

287   Notas

Coloquei aqui este cartão já bastante antigo, para dar uma ideia do banguê.[1]

Era usado na ilha da Madeira há muitos anos atrás.

O meu avô paterno chama-se capitão José Jeremias Ferraz de Andrade.
    Minha avó Custódia F. Andrade.
    (Falecidos em Rio Claro)

Avô materno
José Ferraz de Camargo
Minha avó não conheci
(Falecidos em Piracicaba)

Genealogia paulistana, 4.º v., p. 357

Nas páginas deste livro, escritas com o coração cheio de amarguras, procuro recordar o meu passado. Lembrando em primeiro lugar dos meus pais e irmãos, aos quais rendo uma homenagem muito grata e carinhosa.

Com o mesmo carinho e ternura relembro o meu passado com o espírito da verdade e maior singeleza.

Como recordar é viver de novo, encontrei aqui o remédio que eu precisava para desabafar o meu coração.

E no final de tudo, se algum mérito cheguei alcançar, devo tão somente à graça e ao poder de Deus, como aos exemplos que procurei seguir dos meus antepassados.

Páginas de recordações

1947

Meus pais, Antônio Barboza Ferraz, e Ambrosina Ferraz de Campos, eram primos. Ele era natural da cidade de Campinas, e minha mãe, da cidade vizinha de Capivari no estado de São Paulo.

Ambos casaram-se jovens, sobretudo a minha mãe que contava treze a catorze anos. Tiveram dezoito filhos, dos quais cresceram catorze, sendo: Júlia, Luiz, Tonico, Maria Augusta, Juca, Tudinha, Luiza, João, Floriza, Ermelinda, Zina, Aninha, Flamínio e Augustinha.

Nesta data quando já conto com 73 anos, somos ainda em sete irmãos.

Meus pais foram morar no município de Rio Claro, no mesmo estado, onde compraram uma fazenda de café, e escravos suficientes para a conservação da mesma.

Na cidade compraram uma casa onde nós todos nascemos, e onde nossa mãe era assistida pelo seu médico dr. Theodoro. E, quando crescemos, era onde nos levavam para assistirmos as festas e visitarmos os parentes.

A fazenda era distante da cidade e os meios de condução ainda muito primitivos como, trole, cavalos e o banguê. Este, era uma espécie de rede, presa nas extremidades a um varal de madeira e carregada sobre os ombros de duas pessoas, destinada somente às pessoas enfermas e muito debilitadas.

Conhecida por fazenda do Pitanga era dividida em duas sedes e separadas apenas por uma pequena extensão de cafezais formados, repartida ao meio por um corredor.

A parte administrativa era no Pitanga, com boa casa de moradia, casa de máquina, tulhas, terreiros ladrilhados, etc., e o alojamento dos escravos que era dentro de um grande quadrado, cercado com muros muito grossos e altos, como os das cadeias públicas. Acompanhando as suas paredes internas havia uma infinidade de pequenos quartos dando todos, para um pátio no centro do quadrado. Ali os escravos tinham apenas as suas camas as quais eram feitas com ripas de coqueiro e forradas com esteiras ou com colchões de palha rasgada. Era a senzala, e onde entravam à noite para dormir e descansar da luta e dos trabalhos diários porque as suas refeições eram servidas na própria roça e duas vezes ao dia.

Naquele quadrado, os escravos dormiam trancados a cadeado sob severa vigilância dos feitores, os quais andavam munidos de grandes relhos e acompanhados de cachorros filas. De modo que, era inútil tentarem fugir sendo logo apanhados e castigados.

Somente os muito viciados é que se arriscavam escapar do quadrado para ir roubar café no terreiro ou nas máquinas, indo vendê-lo ou trocar por objetos como, facas, canivetes, fumo, cachimbo, nas vendas mais próximas da fazenda.

Conforme o crime, era o castigo que recebiam sendo o do "tronco" o que mais temiam. Este era um quarto pequeno, escuro, com armadilhas no assoalho onde ficavam presos pelos pés à espera de outros castigos como o bacalhau, palmatórias, etc.

Nunca vimos o tal quarto dos castigos, mas ouvíamos contar como ele era, e mesmo assim nos impressionávamos e tínhamos dó dos negros.

Eles eram despertados muito cedo pelas badaladas do sino e marchavam em fila para o eito onde permaneciam o dia todo trabalhando, tanto os homens como as mulheres. Eram alegres, cantavam durante o serviço.

Descansavam na hora da comida. Esta, era farta, bem--feita, e cuidadosamente examinada e provada pela administradora, antes de ser retirada da cozinha, obedecendo as ordens do meu pai. Muitas vezes, acompanhando a minha cunhada Aninha, provei a comida dos negros, por sinal que, a achava bem gostosa. Era levada ainda quentinha para a roça, em vasilhas de madeira, e em carroças.

Naquele tempo era o mano Tonico quem administrava o Pitanga, o qual, apesar de muito moço, não lhe faltava energia e competência para executar as ordens do nosso pai, dando-lhe ao mesmo tempo o devido descanso. Meu pai, por sua vez, procurava facilitar o trabalho do filho ali no Pitanga, onde instalou na própria casa da administração, a casinha dos escravos, e ao lado da casa outras dependências apropriadas ao preparo dos gêneros de alimentação dos mesmos. O arroz era ali socado em grandes pilões. Do mesmo modo era feita a canjica, e o café depois de torrado em fornos rasos de ferro, era socado em pilões e passado em peneira fina.

Na mesma dependência, torravam a farinha de milho, de mandioca, o azeite também era feito ali, onde torravam a mamona para depois socá-la em pilões, e em seguida aquela massa era deitada em grandes tachos para ferver e boiar o azeite, destinado às luzes dos candeeiros, e a muitos outros fins. Ali se fabricava o sabão de cinza em grande quantidade.

Esses serviços eram feitos debaixo da fiscalização da mulher do administrador.

Os negros recebiam também, na roça, as frutas da ocasião, além do melado com canjica. As laranjas eram muito apreciadas, e comíamos de um modo interessante, fazendo nelas um furinho bem redondo se servindo com uma colher. Deixavam assim, os carreadores e caminhos do cafezal, forrados de laranjas ocas e transparentes. À tardinha, antes de terminar o serviço, eles lenhavam na roça, trazendo no fim do dia, cada qual, o seu feixinho, depositando-o no lenheiro da fazenda. Porém antes, ao se defrontarem com a casa do administrador, ali permaneciam em fila para serem por ele revistados, depois do quê, em atitude respeitosa, levantavam as mãos para fazer uma reza em voz alta, terminando-a com o "Louvado seja o Nosso Senhor Jesus Cristo". Em seguida se desvencilhavam do feixe de lenha, e marchavam em silêncio para o quadrado, para as senzalas até o dia seguinte de madrugada para recomeçar de novo o mesmo serviço. E assim varavam de um ano para o outro.

De um lado da casa da administração havia um bonito pé de pitangas, sendo que, até há pouco tempo ainda existia. Também um jardinzinho muito florido e ao lado dele, rente à parede de casa, existia uma parreira de uvas brancas, muito saborosas, e do formato das que chamamos por dedos-de-dama. Desde esse tempo eu já sabia apreciar as boas frutas, elas nunca me passavam despercebidas.

Na administração havia também um pomar com muitas laranjeiras, ameixeiras, limões-doces, limas de várias qualidades, jambeiros, marmeleiros e muitas outras frutas para fazer doces em calda.

Quanto à sede onde fomos criados, meu pai deu-lhe o nome de Jardim. Para nós era mais do que isso, era um paraíso.

Meu pai preferiu ali, afastado do movimento da fazenda, do contato com os escravos, procurando nos cercar de todas as garantias e de proporcionar uma vida mais tranquila à família. A casa era muito grande, espaçosa, com uma varanda aberta em toda extensão, e de onde avistávamos a cidade de Rio Claro. Do outro lado víamos ao longe, uma serra muito alta, escura, azulada, parecendo ser a de São Pedro. O lugar era muito bonito, alegre e descampado, tendo logo abaixo da casa, um grande pomar cheio de árvores frondosas, debaixo das quais brincávamos com nossas panelinhas e onde aprendemos a trepar nas ameixeiras.

Ao lado da casa meu pai construiu um grande rancho, dentro do qual instalou o engenho de moer cana, de fazer açúcar e o melado.

Em casa, cercava a nossa mãe de cuidados, dando-lhe as melhores escravas para o serviço e não se envolvia com os problemas internos confiando-os a ela que os executava com muita inteligência e sabedoria.

Ele apreciava muito os seus préstimos. Gostava de uma boa mesa, mas não era exigente, tinha muita saúde e bom humor. Era metódico e pontual, nunca se fazia esperar, e exigia que seguíssemos o seu exemplo.

Da casa do Jardim, a poucos passos do filho, ele acompanhava as suas atitudes e o andamento da fazenda. Tinha também deveres sociais a cumprir em Rio Claro onde comparecia todas as semanas, na Câmara Municipal, como seu membro vereador. Comparecia aos jurados e tratava de negócios particulares, voltando sempre no mesmo dia, pois era muito amigo do lar e de suas comodidades. Não perdíamos a hora de sua chegada, saindo alegres e pressurosas ao seu encontro. De longe o divisávamos, porquanto usava para aquelas viagens a cavalo, uma capa branca de linho.

O rio Corumbataí banhava as terras da fazenda. Esse rio não era muito grande, porém volumoso e abundante em peixes, caças de pelo nas matas que se estendiam de lado a lado do rio, e também caças de penas.

Era onde meu pai gostava de levar a minha mãe para se divertir, tendo formado ali, numa das margens do rio, um sítio de criação para o uso da fazenda, e um pesqueiro onde ela ia quase todos os domingos passar o dia, se distraindo com a pescaria na beira do rio, protegida pela sombra das árvores. Tinha também um ranchinho para o seu descanso e onde guardavam as varas e anzóis, etc., onde conservavam a água bem fresquinha em potes de barro.

Nem todas as vezes nos levava não só porque éramos muitas as crianças e corríamos o perigo de cair n'água, como também muito travessas, barulhentas e afugentávamos os peixinhos, atrapalhando a sua pescaria. Nesses dias não a perdíamos de vista, e, quando víamos o seu cavalo Marmelada arreado com o cilhão, ficávamos de orelhas de pé disputando a garupa que raramente a obtínhamos.

Enquanto minha mãe muito quietinha pescava no ceveiro, o meu pai e os manos embarcavam em canoas levando os cachorros corredores de caças soltando-os no meio da mata e logo eles davam com o carreiro das pacas e capivaras, trazendo-as até a beira do rio, onde se atiravam n'água para se verem livres dos perseguidores, mas nesse momento eram alvejadas e mortas pelos atiradores que as esperavam de canoa. Todos eram exímios atiradores. O mano Juca era o caçador oficial, e, quem nos sortia a mesa de boas caças. As capivaras dávamos aos escravos. O mano Tonico desde mocinho ajudava meu pai na lavoura. Aos dezoito anos casou-se e continuou administrando a fazenda com grande eficiência até a data em que deixou o Pitanga, e foi a Ribeirão Preto comprar terras e formar cafezais. O mano embora cheio de afazeres, achava tempo de acompanhar os nossos pais em suas caçadas. Ali mesmo nas invernadas do Pitanga, no tempo das maitacas e tirivas, faziam uma caçada interessante. Esses pássaros, da família dos papagaios, vinham aos bandos pastar a grama-inglesa ali existente, mas, antes de baixar ao solo, pousavam sobre as copadas das árvores espalhadas pela invernada e, debaixo delas, os caçadores escondidos esperavam pela sua vez de fazer fogo. E assim, deixando esta árvore, iam se assentar numa outra, onde eram mortas do mesmo modo, e por fim, depois de espantadas com tantos tiros, fugiam para longe.

Minha mãe me levava sempre às caçadas para ajudá-la a apanhar os pássaros que ainda com vida rolavam pela barroca. E, a tiranazinha da filha de Nhãnatoca, trazia-os todos aos pés de sua mãe para acabar de matá-los. Em poucas horas a caçada estava feita. Meu pai apreciava aqueles pássaros feitos com o arroz mole igual ao que serviam durante as ceias. Naquele tempo não dispensavam essa última refeição do dia, porquanto almoçavam e jantavam muito cedo. Nós crianças nos contentávamos com mingaus e, íamos cedo para nossas camas.

Perto da casa do Jardim, minha mãe tinha uma ceva de passarinhos e me levava para catar as peninhas do lugar onde eram mortos, e isso ela dizia que era para evitar que os outros pássaros ao se aproximarem do milho, se espantasse e fugisse. Eu então executava as suas ordens com grande satisfação.

O mano Tonico era o melhor atirador. Ele treinava no terreiro de café, onde existia um pombal, chegando abatê-las até com o seu revólver. Numa caçada de maitacas ele divisou no meio do bando, uma diferente das outras, derrubou-a ferida numa das asas. Era inteirinha amarela, e o mano ofertou-a em Piracicaba a um alemão colecionador de pássaros que a expôs por muito tempo em seu museu.

Nesse ranchinho, de que minha querida tia fala, eu apanhei um dos maiores sustos de minha meninice. Contava apenas seis anos de idade quando meu pai, após ter me carregado em montaria (de pernas trançadas em seu pescoço) largou-me no chão de terra batida dentro do ranchinho, onde haviam deixado um cágado. Ao dar com esse animal, para mim então desconhecido, abri a boca no mundo. Meu pai, erguendo-me novamente quase se afogou de tantas gargalhadas!

Quanto à maitaca-amarela que também tive ocasião de apreciar no museu particular do Valêncio não contaram bem a história para minha tia Floriza, ou lhe contaram sem consultar a vovó Ambrosina que pouco antes de sua morte me narrou o seguinte: ao saber da existência dessa ave raríssima (que fazia parte do bando morador às margens do Corumbataí, exatamente no Funil onde o vovô tinha o rancho) o Valêncio empenhou-se na sua aquisição. Tornou-se a maitaca-amarela objeto de disputa entre os caçadores da família, no meio dos quais algumas Dianas como tia Júlia, tia Tudinha e até mesmo vovó. Um dia ao percorrerem a picada, existente ao lado do rancho, ouviram a algazarra do tal bando de maitacas, que cortava o espaço acima da floresta. Meu pai que no momento se achava munido de um pica-pau (espingarda de carregar pela boca de cano) atirou rapidamente pela única abertura onde mal se divisava o céu e abateu exatamente a maitaca-amarela. Posso hoje calcular o seu entusiasmo e o aplauso dos que o acompanhavam no momento, entre os quais se achava vovó Ambrosina.

Porque se trata de um filho cuja morte sempre enchia de saudades o coração de minha avó ela ao descrever-me o fato asseverou que o Luiz atirava nesse tempo melhor que o Tonico. Talvez também para orgulho do neto ao ouvir narração do pai, de um pai, falecido prematuramente.

Desculpe-me a querida tia essa pequena, mas justa informação que nada altera o valor de seu encantador diário de recordações.

Do sobrinho muito amigo
Antoninho Procópio

Tanto o meu pai, como os manos mais velhos tínhamos a preocupação de fazer com que a nossa mãe se divertisse na fazenda, pois era muito boa cavaleira, boa atiradora, e no rio, tinha muita sorte com os peixes, tanto no ceveiro, como em canoas ao longo do rio, onde levavam-na para pegar com cendais, os peixes grandes.

Lá assim ela esquecia as lidas de casa, onde passava a semana toda dirigindo o trabalho das negras, distribuindo-lhes tarefas, ensinando-as desde as costuras, remendos, etc.... aprendiam e faziam as velas de sebo para as luzes dos castiçais, fiavam o algodão e com ele faziam os pavios para os candeeiros de azeite e para o centro das velas.

Os candeeiros só eram usados em cômodos abertos ou à telha-vã, devido à fumaça que fazia, e ao cheiro forte do azeite queimado.

A nossa sala de jantar era o maior cômodo da casa, com parte forrada, assoalhada e parte à telha-vã, o chão era de terra. Naquela parte da sala, faziam fogo durante o inverno, não só para aquecê-la, como para clareá-la, visto serem as luzes dos candeeiros muito fracas. Ao redor do fogo, sentadinhos no chão, sobre esteiras, os crioulinhos esperavam pelo pratinho de mingau, indo depois para a sua senzalinha dormir. As suas refeições, durante o dia, eram na mesma sala, servidas em gamelinhas estreitas e compridas e, ali enfileirados de lado a lado da gamelinha, se serviam, comendo com a pontinha dos dedos.

Estes eram os crioulinhos desmamados, cujas mães voltavam de novo trabalhar na roça enquanto eles ali cresciam debaixo das vistas e cuidados de minha mãe.

Eram vacinados pelo mano Juca, e uma vez durante o ano, no mês de abril, na minguante, minha mãe dava-lhes um vermífugo àqueles mais assustados e barrigudinhos.

O mano Juca tinha muita habilidade, examinava os nossos primeiros dentes, curava os doloridos, e extraía os imprestáveis.

Era um auxiliar de muito valor na família, além do quê muito bondoso e alegre.

Como ele, era também a mana Tudinha que se ocupava muito com os irmãos menores auxiliando e dando descanso à nossa mãe.

Meus pais, raramente se ausentavam de junto de nós. Naquele tempo já tinham as duas primeiras filhas casadas e morando longe, e nesse caso, quando necessitavam de sua presença, de sua assistência, não mediam sacrifícios. Assim, ao nascerem os primeiros netos, foram a Pirassununga atender a filha Júlia que era ainda muito jovem, e do mesmo modo eles foram a Piracicaba para estarem perto da filha Maria Augusta, a qual tendo adoecido gravemente após o nascimento do terceiro filho, veio a falecer com vinte anos de idade apenas! Era casada com o médico, dr. Joviniano Reginaldo Alvim. E meus pais, passaram pelo duro golpe, vendo desaparecer uma filha tão boa, bonita e na flor da idade.

Eu era ainda muito criança e só conheci essa minha irmã pelos retratos e pelo muito que a minha mãe contava a seu respeito. Dizia-nos que era muito carinhosa com os filhos e com os irmãozinhos, que não se esquecia de mandar-nos roupinhas mimosas feitas por ela em Piracicaba onde foi morar depois de casada.

Meus pais sofreram muito com esse primeiro golpe que passaram em sua vida. Essa mana era a mãe de Ruyce e de Joviniano que ficaram com muito pouca idade, em companhia do pai, que só mais tarde quando se casara de novo, resolvera entregá-los aos meus pais, tendo nessa ocasião o meu mano Tonico assumido a responsabilidade de fazer a educação do sobrinho, Joviniano, depois do quê, encaminhou-o em sua fazenda em Ribeirão Preto.

Meu pai se esforçava para distrair a minha mãe dos seus sofrimentos, levando-a a Campinas no meio de parentes bondosos e amigos dedicados. Mas ela não se conformava em ficar longe de nós, era muito carinhosa, tinha pressentimentos e voltava para a fazenda, como aconteceu, uma vez quando nos deixou no Pitanga com o mano Tonico e minha cunhada, ela cismou que uma de nós adoecera e voltou imediatamente. Não se enganara, me encontrou com uma febre muito alta e delirando. Porém chegou em tempo de me levar em Rio Claro onde ficou comigo em tratamento com o seu médico durante um mês. Foi quando a minha mãe se certificou do quanto a sua filha era rebelde para tomar remédio, levando horas para resolver engolir uma hóstia de sulfato de quinino e até mesmo as doses de homeopatia eu relutava provando-as antes com a pontinha dos dedos.

Era também muito medrosa chegando a correr de minha própria sombra. No entanto em pouco tempo transformei-me na mais destemida e arrojada de suas filhas sendo encontrada sempre empoleirada nas árvores ou debaixo delas correndo atrás dos passarinhos, caçando-os com o que encontrasse de jeito e até com os velhos covos de pegar peixe enfileirando dentro deles laranjas partidas ao meio, me escondendo por detrás das laranjeiras onde ficava magnetizando os sabiás do peito vermelho, os ariscos sanhaços, os pintassilgos e até os japuíras eu caçava dentro dos covos, sentindo com isso um prazer enorme e não ligava a menor importância ao ser por eles beliscada e ferida quando os retirava das armadilhas.

E, por este e outros motivos, minha mãe me achava diferente das outras e dizia que eu herdara as inclinações de minha ama.

Como ama, jamais recusava um prato qualquer que lhe oferecissem, como o de leite com farinha ou um prato de melado com canjica. Aceitava-os com satisfação, respondendo com gestos afirmativos de cabeça e com a mão apontando-a sobre a boca dizia logo: "Pois não, Nhãna toca" e tocava como ninguém.

Dali veio-lhe o apelido de Nhãnatoca e sobre ela recaíram as minhas tendências e culpas de gostar tanto da liberdade, das caçadas e de viver procurando as árvores, em vez de me conformar de ficar ao redor de casa, arrastando latas pela calçada como as outras irmãs, ou brincando com bonecas, fazendo comidinhas, etc.

Porém as minhas inclinações para a pesca e para as caçadas eram também de família, e desde os meus avós paternos, pois todos eram caçadores de veados, de outras caças de pelo, assim como de aves de toda a espécie, além da pesca. E, por isso mesmo me faziam acompanhá-los, vendo o quanto me sentia contente e feliz. Todas essas coisas era minha mãe que me contava, dizendo sempre que a filha de Nhãnatoca sabia lograr a sua vigilância e fugir para o pomar onde me encontravam no alto das ameixeiras correndo risco de me despencar e de machucar-me. Porém isso raramente me acontecia.

Minha mãe, quando não podia nos levar ao pesqueiro, procurava sair escondida, porém eu percebia e dava um jeito de ganhar a garupa do seu cavalo, e quando o Candinho dava pela falta da filha de Nhãnatoca, esta já ia longe agarrada na cintura de minha mãe, com pressa de chegar na beira do rio.

Naquela época éramos em treze irmãos. Os quatro primeiros já eram casados. Uma irmã, Júlia, foi morar em Pirassununga, Maria Augusta em Piracicaba, o mano Luiz num sítio perto de nós, e o mano Tonico no Pitanga, administrando a fazenda de meus pais.

Nascemos todos na cidade de Rio Claro, menos a última irmã, à qual, em memória da falecida Maria Augusta, meus pais deram-lhe o mesmo nome, tendo esta nascido na fazenda, na casa do Jardim.

Na cidade de Rio Claro minha mãe tinha sempre boa assistência médica, além do quê contava com muitos parentes por parte de meu pai e com muitas famílias amigas.

A tia Gertrudes irmã de meu pai era muito alegre e divertida. O tio Honorato de Barros não cheguei a conhecê-lo. Eram eles, os pais da prima Tudinha Saraiva (falecida) e da prima Amélia Bonn que ainda existe e que regulava de idade com a minha mana Tudinha. Amélia mora em Santo Amaro em São Paulo, em companhia de um filho casado.

A tia Tuda, era a única irmã de meu pai, e que morou sempre em Rio Claro onde tinha uma fazenda de café chamada Santa Rosa, onde íamos sempre passear e receber os agrados da bondosa tia e dos primos todos. A tia Tuda era muito parecida com o meu pai e se estimavam muito.

A família Meira, de Rio Claro, era parente próximo do meu pai. Nela havia diversos moços e moças. Todos nos procuravam na fazenda e na cidade onde nos reuníamos por ocasião das grandes festas. Meus pais contavam em Rio Claro com inúmeros amigos e compadres, e dentre eles o vigário da paróquia, o padre Flamínio.

Em Campinas, terra natal de meu pai, eram também cercados por amigos e por parentes que muito os estimavam, sendo o mais idoso deles o tio José Elias Ferraz de Andrade, pai do primo José Theodoro, Antônio e Theodoro, além de duas primas freiras Irmãs de São José.

Quase todos os anos meus pais faziam um passeio a Campinas, porém raramente podiam nos levar, pois éramos muitos e ficávamos sob os cuidados dos manos mais velhos. E, as vezes que levavam a mana Tudinha, ela se divertia imensamente em Campinas, na companhia dos primos onde era muito apreciada. Em casa era ela o braço direito de nossa mãe ao lado dos irmãos menores, nos tratando sempre com muito carinho. A ela éramos confiados, todas as vezes que a nossa mãe passava o dia de domingo fora, geralmente no rio, pescando, sendo essa a sua distração predileta.

A mana nos entretinha perto de casa onde nos proporcionava brinquedos para que não nos afastássemos para longe. Ela sabia que éramos medrosas, que as pajens nos contavam histórias de negro fugido, que pegavam crianças e levavam-nas ao mato para comer, e outras histórias que nos amedrontavam. Mas, um dia não resisti à vontade de ir no fundo do pomar, de subir nos pés de goiabeiras. Era o tempo delas, eu via os passarinhos voando apressados para aquela direção, não tive dúvidas, subi também correndo enciumada com os terríveis sanhaços, e em dois tempos cheguei no fundo do pomar sem pensar em mais nada.

Mas, quando me achava em cima da goiabeira, no melhor da festa, saboreando aquelas frutas cheirosas e carnudas, ouvi um barulho do lado do cafezal e logo avistei um vulto que se dirigia para o meu lado trazendo nas mãos um porrete, na cabeça um chapéu de palha muito velho e esfarrapado! não vi mais nada, estremeci, as pernas amoleceram, agarrei-me nos galhos da goiabeira tentando deslizar e descer, mas perdi as forças, desmaiei e caí no chão. Quando recuperei os sentidos, estava nos braços do negro velho fugido, que assustado corria comigo para a casa e me dizia "sou eu Mimica, sou eu Mimica!" e vi então que era ela mesma, a irmã Tudinha que resolvera pôr-se naqueles trajes para me assustar, sem jamais supor que a filha de Nhãnatoca com o susto fosse cair da árvore. E, por pouco que o feitiço não virou contra o feiticeiro, pois nossa mãe estava para chegar do passeio e fina como era, iria perceber logo que algo havia acontecido com a sua Mimica, se não fossem os cuidados dispensados imediatamente pela boa irmã, correndo com os chás de hortelã e cercando-me de agrados, embebendo lencinhos em água-de-colônia e atando-os sobre a minha testa, procurando por meio de agrados e de artifícios, me reanimar o mais depressa que pôde, e viu com satisfação que a irmãzinha reagiu.

No dia seguinte já estava de novo correndo no terreiro, atropelando as galinhas dos seus ninhos em busca dos ovos.

Do lado da casa, debaixo de um pequeno bosque, a irmã Tudinha cultivava com muito carinho e ciúmes, os seus canteiros de flores e, da janela do seu quarto fiscalizava-os sempre, pois sabia que a saúva (como me dizia) não deixaria de ir ali, cortar até com os dentes, os galhinhos rijos de suas roseiras, além dos estragos nos pés de craveiros, malvas-cheirosas e até mesmo os seus estimados pés de brinco-de-princesa eram visitados e tosquiados pela saúva.

Apreciava muito as flores mas não sabia ainda estimá-las, nem calcular as contrariedades que causava com os meus estragos.

Porém a irmã me perdoava, a saúva não se esquecia de trazer-lhe do pomar as frutas que mais gostava, as queimadinhas do sol, descendo muitas vezes das árvores com o rosto vermelho e inchado das picaduras das vespas sem ligar importância, ou quando muito, sabendo que barro era bom para passar a dor, eu aparecia assim em casa assustando a todos, sem ao menos dar pela causa.

A irmã Tudinha gostava de agrados e muito os merecia porquanto era quem nos ensinava com tanta paciência as primeiras letras, as pequenas rezas e a fazer o sinal da santa cruz.

Ao seu lado dormíamos tranquilas e confiantes sem o receio dos sacis-pererês, das cucas, das almas do outro mundo e de outras histórias contadas pelas nossas pajens, assim como a da menina enterrada viva debaixo de um pé de figueira, onde nasciam os seus cabelos como se fosse capim, e onde ouviam os seus lamentos.

Aos domingos a irmã fazendo ordem nos seus guardados, nos deixava tocá-los, saciando a nossa curiosidade. Ali encontrávamos com uma infinidade de pequenos objetos de sua estimação, desde retratos, medalhas, rosários, contas, rolinhos de fitas, retalhos de rendas e de bordados, e no meio daquilo tudo havia pequenos e misteriosos embrulhos, amarrados com lacinhos de fitas, contendo os cabelinhos sedosos dos irmãos nascidos fora de tempo, cuja lembrança a irmã guardava com carinho.

 Era ela quem ajudava a nossa mãe, a coser os nossos vestidos e a nos enfeitar quando íamos às festas ou à casa dos tios. A irmã apreciava muito a música e quando o mano Tonico casou-se ela ia dar lições, com a nossa cunhada Aninha no Pitanga, levando-me como companheira e juntas atravessamos a extensão de cafezais que nos separavam da casa de administração. Me prendia ao seu lado no piano, com uma tarefa de crochê que eu executava depressa, com o sentido no pomar ou no pé de pitangas, não me demorando para não perder a sua confiança, e nunca deixando de trazer-lhe um cachinho de uvas ou de ameixas bem maduras como a mana gostava.

 Acostumada então a ouvi-la estudar e tocar suas músicas, aprendi a cantá-las e a assobiá-las. Porém a irmã me proibia e eu não compreendendo a razão não me continha e cantava-as sempre.

 Nossa cunhada Aninha era pianista e também cantava modinhas juntamente com o nosso mano Tonico. Ambos tinham gênio alegre, e ele muito brincalhão.

Recebiam no Pitanga visitas de amigos e de parentes e o mano muito se divertia com eles, com as suas brincadeiras, ensinando e, obrigando os moleques encarregados de abanar os mosquitos nas horas de refeições a provocar as pessoas na mesa somente para ter prazer de vê-las desapontadas. Muitos estranhavam a liberdade dos moleques, outros percebiam logo a brincadeira e acabavam todos achando muita graça.

A palmatória dependurada ali na sala de jantar garantia o sucesso do "sinhô moço" que não perdoava nenhuma desobediência. Entretanto, na presença de nossos pais, o mano evitava aquelas brincadeiras apesar deles serem também alegres e divertidos.

Meu pai apreciava imensamente a música, tocava piano e clarineta. Por vezes mandava vir de Rio Claro, a banda de música para tocar na fazenda, reunindo então os amigos e vizinhos, muitos dos quais tomavam parte na banda, com os seus instrumentos. E quando os músicos se retiravam, acompanhava-os uma carroça cheia de mantimentos e demais especiarias da fazenda, as quais eram sempre muito apreciadas pelo pessoal da cidade.

Os vizinhos mais próximos da fazenda eram os seguintes: Messias Gonzaga Franco que era tido como o mais severo dos senhores de escravos, e por isso mesmo possuía-os em maior número fugidos pela mata do que em suas senzalas.

Eram os tais apontados pelas nossas pajens para nos meter medo. As suas terras margeavam o mesmo rio Corumbataí onde também tinham um pesqueiro chamado Poço dos Messias. Depois dele vinha o vizinho Francisco Xavier, que era compadre de meus pais, e muito estimado em nossa família. Regulava de idade com o nosso pai e usava a barba comprida como o nosso imperador.

Em seguida era o Baptista Jobim, e o mano Luiz, o qual possuía um pequeno sítio com cafezais, vacas e criações.

Corria ao lado de sua casinha de madeira, um corregozinho de água muito transparente, forrado de pedrinhas redondas, e onde entrávamos descalças para colhê-las, assim como uma quantidade de contas azuis e cinzentas crescidas nos ponteiros das touceiras de capim, nas margens do mesmo riacho. Com elas fazíamos rosários para enfeitar o pescoço das negras.

A fazenda da tia Tuda, irmã mais velha do meu pai, chamava-se Santa Rosa, e era situada a meio caminho entre a nossa e a cidade de Rio Claro. Os irmãos do meu pai moravam em Piracicaba, em chácaras e casas nessa cidade. Somente o tio Pedro, pai do Arlindo, era fazendeiro e vizinho do sr. Salvador da Silveira Corrêa, no bairro de Costa Pinto em Piracicaba.

O tio Pedro apreciava muito a leitura de jornais, e colecionava-os em sua fazenda.

Ele gostava também de usar palavras e termos difíceis, pondo muitas vezes em grande embaraço os seus servos e camaradas, como aconteceu uma vez, ao ser por eles avisado de que uma parte da mata da fazenda estava sendo devorada pelo fogo, sem mais detalhes. O tio somente disse "será possível que seja um fogo invisível, um fogo infernal?".

Preparando-se um dia para ir visitar um filho que morava distante, na véspera chamou os seus servos dando-lhes a seguinte ordem: "Amanhã ao romper da aurora, ide arrear os corcéis, trazei-os sobre os umbrais desta casa, pois quero ir ver os teres e haveres do meu filho Arlindo". Este havia comprado uma fazenda de café em Jaú no bairro de Barra Mansa.

As viagens eram difíceis naquele tempo, mas nem por isso abalavam o ânimo dos visitantes e a grande amizade que reinava entre as famílias.

O tio Pedro era o mais bonito dos irmãos, corado e de feições muito delicadas. Era casado com a tia Aninha, irmã de minha mãe. Contava-nos o nosso pai, que ele e o tio Pedro foram juntos à casa do meu avô materno, fazerem os pedidos de casamento, e como naquele tempo não era permitido enamorar, não tinham a certeza de qual das duas irmãs seria a sua noiva, e meu pai torcia para que lhe coubesse por sorte a mais magrinha, que foi justamente a nossa mãe. E assim casaram-se no mesmo dia, ambos foram felizes e tiveram muitos filhos.

Eram os nossos verdadeiros primos-irmãos, os quais compareciam sempre em nossa fazenda em Rio Claro, por ocasião das festas de são João, onde promoviam muita alegria, cantos, recitativos acompanhados ao piano pela irmã Tudinha, dançavam lanceiros, polcas, mazurcas, valsas rodadas e quadrilhas marcadas em língua francesa, originando muitas vezes, grande atrapalhação no meio das danças as quais não passavam de agradáveis brincadeiras em família.

O tio Theodoro, pai da prima Eulália, era o mais velho dos irmãos. Reconcentrado e caseiro, morava na chácara que hoje pertence ao Asilo dos Velhos em Piracicaba. Como vizinho tinha o tio José Jeremias, cuja chácara passou a ser do meu pai alguns anos depois.

Meu pai foi o único que morou muito tempo na fazenda, assim também a tia Tuda.

Naquele tempo o mano Luiz já tinha os seus dois primeiros filhos. Era um pai muito afetuoso e filho muito dedicado. Morando perto de nós, chegava de surpresa, a cavalo, trazendo debaixo de sua manta, um dos filhinhos para alegrar a nossa mãe, que de longe os pressentia, indo presunçosa ao encontro do filho querido, recebendo dos seus braços os lindos netinhos. Eram os primeiros e muito festejados.

O menor tinha olhos muito grandes e arregalados. Cabelos encaracolados, boca minúscula e carnuda, ambos formosos e encantadores. Minha mãe tinha grande admiração e carinho pelo filho primogênito, pressentindo talvez que muito cedo Deus o levaria. Ele acompanhava-a sempre em suas pescarias e caçadas. Um dia estavam já de saída para o rio Corumbataí, certos de que não estavam sendo vistos pelas crianças, quando surgiu na frente dos animais a filha de Nhãnatoca com os olhos compridos na garupa do Marmelada que era o animal predileto de nossa mãe. E, antes que ela me reprovasse, o mano Luiz agarrando-me pelos braços me fez subir, e com sua voz bondosa disse: "Mamãe vamos levar esta diabinha" e assim com o coração batendo de alegria, me segurando à sua cintura, chegamos à beira do rio, onde ganhei uma varinha e a simpatia dos peixinhos, pois só procuravam o meu anzol, só me davam tempo de colocar as iscas e de dar um puxão para cima, fazendo voar os lambaris e enroscando-os pelos galhos das árvores, tal era o desespero de pegar bastantes peixes. Os maiores era minha mãe que não me perdia de vista, e quem me ajudava tirá-los d'água, e assim ela também se divertia e não se arrependeu de me levar na pescaria.

Nesse dia a mana Tudinha descansou um pouco da chefa das travessuras que trazia o bandinho em alvoroço debaixo das ameixeiras, tomando por conta os balanços, subindo com eles à altura máxima para de lá desprendê-los, e ai daquela que se arriscasse a atravessar a sua passagem, tomava logo um esbarrão no coco da cabeça e daí o berreiro e o chamado de nossa mãe ou da irmã, para o castigo num canto da sala.

Mas, ao mesmo tempo era quem subia aos mais altos galhos das ameixeiras para de lá derrubar-lhe as frutas mais maduras e gostosas. Não tinha medo de despencar, nem das ferroadas das vespas e lá em cima topava com os seus companheiros azuis, os terríveis sanhaços. E nos dias de chuva, mesmo dentro de casa encontrava reinações. Quando ouvia o barulhinho da tesoura de minha mãe, ficava ali negociando os retalhos, ou quando não, aproveitando alguns momentos seus de distração para entrar dentro dos armários da parede, subindo como um gato às mais altas prateleiras levando comigo a inseparável chocolateirinha de folha e uma colher. Não errava as latas nem as medidas do açúcar e do polvilho de araruta. Ovos, tinha-os à vontade, colhidos fresquinhos nos ninhos espalhados por toda a parte no terreiro, e o leite a cozinheira me facilitava assim como um cantinho no fogão, e desse modo eu conseguia o meu mingau predileto porém surrupiado.

Apesar disso, eu era do bando a única magricela, me chamavam de queixo de colher de pau, e de boca de chupar ovo. Com o queixo nunca me incomodei, nem procurei saber a causa, quanto à boca, achava razoável porque muitos ovos passavam por ela, não crus e chupados como os lagartos porém bem cozidos dentro de minha chocolateirinha, e bem saboreados.

A nossa cozinheira chamava-se Cândida, era uma preta muito bondosa e camarada. Uma outra mulata clara chamada Eva era a engomadeira, a qual vivia assoprando, com os seus grossos beiços, enormes e pesados ferros de brasa. Com ela não tirávamos partido, tinha receio que queimasse-nos.

A nossa pajem Maria, era muito gaga, e tinha um dente nascido no céu da boca. Minha mãe só percebeu quando passou-lhe uma forte repreensão, e a Maria gaguejou tanto para se defender, abriu tanto a boca, que o dente apareceu como um grão de canjica, muito alvo, grudado no céu da boca. Mais tarde casou-se com o escravo Florêncio e foram tomar conta do sítio na beira do rio Corumbataí, o qual tinha o nome de Funil.

Nesse sítio, perto do pesqueiro, meu pai fazia também a criação de porcos. Ele tinha bastantes escravos, o consumo de toucinho, e mesmo da carne, era muito grande.

A criação do gado era mais para ter na fazenda, fartura de leite, e de bois possantes para o serviço de transportes porque naquele tempo não havia caminhões, eram os animais que puxavam os carros e as carroças nas estradas e carreadores.

Os cafezais eram produtivos, e meus pais puderam educar os filhos em bons colégios. Os manos no Colégio Culto à Ciência em Campinas, e as manas no Colégio Nossa Senhora do Patrocínio em Itu, menos as primeiras que estudaram em escolas e colégios em Rio Claro.

Em casa na fazenda, o meu pai se distraía muito com as suas ferramentas de carpintaria, com o engenho de cana onde ele fabricava açúcar e melado para o consumo da fazenda. Era metódico e sistemático. Reservava sempre, durante o dia, uma hora de descanso permanecendo silencioso em sua sala particular.

Levava sempre a nossa mãe a caçadas e pescarias. Ambos eram inclinados a esses divertimentos. Para isso meu pai tinha aparelhamento completo e cuidadosamente por ele conservado numa alcova ao lado de sua sala, onde só ele, tinha entrada franca visto existirem ali as armas de fogo, as pólvoras, cartuchos, etc. Era também onde guardava em perfeita ordem as suas ferramentas, os bodoques de diversos tamanhos com os quais ele muito se divertia. Tinha a pontaria muito certeira, da varanda da nossa casa ele bodocava os animais, apartando as suas brigas, ensinando o cavalo de montaria a obedecer o seu chamado, etc. Era muito astucioso o meu pai. No meio de suas armas, havia uma espingarda muito grande e pesada, parecendo ser feita de pedra, ele chamava-a de Reuna. Com ela fazia armadilhas no fundo do pomar e dava cabo dos bichos do mato que vinham durante há muito pegar as galinhas nos poleiros.

Com as suas ferramentas fazia ratoeiras engenhosas para caçar ratos e ratazanas. Fazia em casa os consertos os mais delicados e difíceis, executando-os com muita arte e perfeição. Por tudo na fazenda, eram encontrados vestígios de suas mãos habilidosas.

O pianinho e uma redinha ali em sua sala, faziam parte do seu bem-estar. Tocava diversas músicas curtinhas e interessantes como a "Maria Cachucha com quem dormes tu, eu durmo sozinha sem medo nenhum" e muitas outras que tanto gostávamos de ouvi-lo tocar, e que não se cansava de repeti-las para nos agradar, as quais conservamo-las ainda em nossas memórias.

O café foi a única fonte de renda sua, em Rio Claro.

Tanto o meu pai como os seus irmãos, se contentavam com o que possuíam, e nunca ambicionaram riquezas, todos tiveram o suficiente para educar os seus filhos e viverem com bastantes comodidades.

O tio Theodoro foi o que teve menos filhos, que chegou a formar um deles, em advocacia. Foi o primo Querubim Ferraz de Andrade.

Meu pai era muito liberal, tendo disposto naquele tempo, de quantias apreciáveis para servir a amigos e parentes. E nem sempre os seus favores eram reconhecidos, não exigia nunca documentos, tinha muita confiança nos outros. Também não se queixava, não lhe fez falta. Vivia contente e feliz cercado de carinhos em casa, e no círculo de sua numerosa família.

O meu avô paterno chamava-se capitão José Jeremias Ferraz de Andrade. Não cheguei a conhecê-lo. Deixou porém um retrato a óleo, muito fiel, que mandara fazer por um bom pintor pouco antes do seu falecimento, o qual conservo em meu poder como relíquia de família.

Dos irmãos de meu pai, somente ele assinava o sobrenome de Barboza, vindo ele, da parte de sua mãe, que também era campineira cuja família assinava Barboza.

Além de numerosos parentes e amigos que meus pais tinham em Campinas, contavam também com um compadre português, dono da Loja do Veado muito conhecida em Campinas naquele tempo, e que até hoje conserva o mesmo nome. Chamava-se ele, Francisco de Barros Carvalho, vulgo Veadinho. Era casado com uma sobrinha de meu pai de nome Maria José. O Veadinho viajava sempre pela zona de Rio Claro, nos

visitava na fazenda, levando-nos muitos presentes finos de sua loja. Tinha predileção por mim, confirmada por um seu retrato, quando eu tinha ainda três anos de idade, com a seguinte dedicatória: "Oferecido a minha inocente e simpática Mimi", o qual conservo ainda em meu poder.

Depois do falecimento da prima Maria José, ele voltou a Portugal, deixando em seu lugar no Brasil, um sobrinho o qual há tempo havia mandado vir de Portugal, encaminhando-o no comércio em Campinas, tendo este mais tarde comprado uma fazenda de café no interior de São Paulo, na linha Sorocabana. O seu nome era também Carvalho Barros.

Logo que aprendi a escrever minha mãe ditava-me cartinhas afetuosas à sua amiga e comadre Maria José. Eu procurava agradá-la dando fielmente os seus recados e ao mesmo tempo aprendendo com ela a cultivar as amizades.

Quando fomos todos para o colégio, era então o meu pai quem escrevia, e por quem ela nos mandava os seus recados. As suas cartinhas tão bem escritas, tão cheias de agrados, de afetos, transpunham o nosso estado em diversas direções e distâncias, levando as suas carinhosas mensagens aos filhos. Quando éramos crianças nos levavam às festas da Semana Santa em Rio Claro. Dias antes, nossa mãe já se punha em grande atividade na fazenda, com os preparativos, e o movimento maior começava pela despensa, onde as negras entravam e saíam, carregando gamelas cheias de massas de biscoitos, sequilhos e broinhas, que a nossa mãe temperava. Outras batendo os pães de ló e suspiros. Doces secos de laranja, de cidra, doces em calda, tudo recendendo a canela, cravo, erva-doce, noz-moscada, etc. E no fim do dia apresentavam aqueles tabuleiros cheios de quitutes saídos do forno, estalando ainda com a sua última quenturinha.

Do outro lado da casa era a Eva, uma mulata clara muito beiçuda, que dava conta dos engomados, passava o dia todo assoprando aqueles ferros pesados, de brasas, e ia enfileirando nos cabides, os vestidos e saias cheias de babados, os nossos vestidos e chapeuzinhos de fustão branco que a nossa mãe nos fazia para as viagens de trole, com as capinhas bem engomadas e abotoadas com botões de madrepérola.

Na cidade a casa era simples, porém com bastantes acomodações para as temporadas das festas. De véspera, já o carro de boi vinha se encostar na frente da casa da fazenda, para receber aquela matalotagem toda e transportá-la para a casa da cidade. Eram caixas e canastras cheias de roupas para durar uma semana, baús e latarias com os quitutes de forno, jacás enormes com laranjas e outras frutas, muitos limões-doces e limas de diversas qualidades. Outros jacás compridos, com galinhas, patos, marrecos, perus e borrachinhos novos criados no pombal do Pitanga, toucinho e ovos empalhados, queijos e requeijões frescos, etc.... em feixes de caninha mimosa que muito apreciávamos e que nos entretinha no quintal da casa, enquanto esperávamos a hora de irmos para a igreja assistir as cerimônias da Semana Santa.

A criançada dos vizinhos percebiam logo a chegada do carro de boi, pois não deixavam de ganhar frutas e canas. E assim, com a despensa bem sortida, o primeiro cuidado de nossa mãe, logo que chegávamos na cidade, era o de preparar as bandejas de presentes que mandava levar em casa dos parentes e dos amigos. Todas cobertas com toalhinhas de crochê, engomadas.

Com especial cuidado era preparada por minha mãe, a bandeja destinada ao compadre, padre Flamínio, vigário da paróquia de Rio Claro.

Minha mãe era muito apreciada não só pelos seus dotes pessoais como também pelos seus grandes préstimos.

Exercia sobre nós, na cidade, uma grande vigilância. Durante as horas de procissões éramos acompanhadas pelo nosso pai e pelos manos mais velhos.

A cidade de Rio Claro nos dias de festas, regurgitava de gente, vindos da roça, dos bairros e das cidades vizinhas.

Uma alegria muito grande invadia-os sobretudo quando os sinos repicavam anunciando o momento da chegada do senhor bispo que ali vinha para administrar-lhes a santa crisma, e desde então começava o rebuliço entre aquele povo todo aglomerado no pátio da igreja. As crianças da roça só andavam agarradas nos braços dos pais e das madrinhas.

Uma banda de música muito animada tocava durante todo o tempo num coreto ao lado da igreja matriz.

As procissões davam grande imponência à festa da Semana Santa, com a sua legião de anjos tão lindos, que só faltavam voar. Asas enormes, vestidinhos armados, guarnecidos de rendas prateadas, lantejoulas faiscantes, cabeleiras loiras presas com diademas cravejados, de pedrinhas multicores, e logo após aos anjos, vinham enfileiradas as virgens com as suas roupagens muito brancas, véus compridos, presos na cabeça por um cordão de rosas brancas, marchando todas muito vagarosamente, levando horas para entrar na igreja. Muitos anjos, cansados dormiam debruçados sobre os ombros dos seus pais, e só despertavam ao se aproximar da sacristia, onde os padres os esperavam para ganhar o lindo cartucho cheio de confeitos. Eram enormes os cartuchos, e enfeitados com papel de seda repicada e encrespada.

Minha mãe apresentava os seus anjos, tão bem-vestidos, e tão bonitos como aqueles que víamos pintados nas paredes das igrejas e seus cartões-postais. Os vestidinhos dos anjos, assim como as cabeleiras e diademas, eram encontrados nas lojas e em caixas muito bem-acondicionados. Custavam muito caro, e por isso, quando terminava a festa, eles voltavam de novo para as suas caixas. As suas asas eram de penas verdadeiras.

A cerimônia que mais nos deixava curiosas era a do lava-pés onde víamos na igreja uma fileira de homens velhos com suas roupas bem lavadas, sentados num banco muito comprido e alto. Ali permaneciam à espera dos padres os quais munidos de uma bacia e toalha vinham lavar-lhes os pés de um a um depois do quê os abraçavam e depositavam o pão entre as suas mãos. Ainda não alcançávamos o significado daquela cerimônia.

A hora de grande rebuliço na igreja era quando o senhor bispo fazia a chamada, sentado no seu trono onde recebia as crianças para administrar-lhes a santa crisma. Muitos chegavam à sua presença chorando e se retorcendo de medo agarrados às suas madrinhas. Estas se misturavam àquela hora. Tanto se apresentavam as mais humildes com seus vestidos de chita ou de cetineta, levando os seus afilhados descalços e com umas roupinhas repuxadas, um chapeuzinho vermelho de feltro, como também se apresentavam no meio delas, as damas mais afortunadas com os seus vestidos armados de anaguinhas cheios de pufes e de apanhados, com suas medalhas presas ao pescoço por uma fitinha preta de veludo, com os cabelos penteados bem no alto da cabeça, de onde pendiam alguns cachos engrossados, caindo sobre o pescoço.

Quanto aos vestidos balões, não cheguei a vê-los mas ouvi muitas vezes minha mãe contar casos interessantes que se davam com eles, com as pessoas que não tomavam o devido cuidado ao se ajoelhar na igreja. Acontecia que aquela armação do vestido virava para cima como guarda-chuva descontrolado em dias de ventania.

Mas, que não passava do susto e do desapontamento, visto que, naquele tempo todas as peças de roupa chegavam até os tornozelos.

Nossos vestidos quando meninas, para assistirmos as festas, minha mãe mandava fazê-los em Rio Claro. Vestíamos à moda princesa. Eram abotoados na frente. Compridos até o meio das pernas, guarnecidos com golas, punhos e bolsos enfeitados de rendas. Eram de cetim cor-de-rosa, a cor que minha mãe mais gostava para os nossos vestidos de festas.

Rio Claro era naquele tempo, bem antes da epidemia da febre amarela, uma cidade muito adiantada e de grande movimento.

As suas lojas eram sortidas de tecidos estrangeiros, dos mais finos como gorgorões de seda, cetins macios, veludos, chamalotes, gazes, cambraias finíssimas, zefires e bordados suíços, rendas verdadeiras de todas as larguras.

As festas e reuniões eram muito animadas e frequentadas por famílias brasileiras num ambiente de finura e delicadeza como nos salões da Sociedade Filarmônica de Rio Claro. Era onde meus pais nos levavam acompanhando a irmã Tudinha que apreciava muito as danças por sinal que era uma das moças mais apreciadas não só pelo fino trato, gentileza, como por saber dançar com muita graça e arte.

Meu pai foi o doador do terreno da Sociedade Filarmônica de Rio Claro e sócio remido. Seus salões eram espaçosos, iluminados com candelabros e enfeitados com flores naturais, com rosas e cravos muito perfumosos.

Existia uma sala onde as meninas filhas dos sócios se reuniam para se divertir, e numa daquelas reuniões passei por um trote bem grande, quando ao apresentar-lhes a minha sobrinha Aninha o fiz com tanta infelicidade, apresentando-a como minha neta. E ainda hoje passo pelos mesmos apuros, me esquecendo na hora, até dos nomes os mais conhecidos.

Não havia quem não apreciasse aquelas festas da Filarmônica de Rio Claro onde nos ofereciam tantos doces gostosos, e nos enchiam os lencinhos de cambraia, de sequilhos, rosquinhas e suspiros que trazíamos para casa, e repartíamos com as irmãs menores.

Sábado de Aleluia era o dia do baile mais importante do ano. Amanhecíamos com a cabeça cheia de papelotes, e enamorando os nossos vestidos de cetim cor-de-rosa. E como nós, havia muitas outras meninas que também frequentavam as reuniões da Filarmônica de Rio Claro onde nos tornávamos amigas e nos divertíamos muito. Minha mãe aproveitava aqueles dias para fazer as visitas aos parentes e amigos. Aproveitava também aqueles dias na cidade, para fazer sortimento de roupas, peças de morim, de riscados, e de chitas para o uso da fazenda. Comprava muitas roupas para distribuir aos escravos nos meses de junho. E, durante esse tempo, minha mãe cortava as costuras, distribuindo-as às negras para cosê-las. Faziam muitas peças de roupas de baeta, para os negros e crioulinhos usarem no inverno.

Os nossos vestidos, eram feitos pela mana Tudinha que os passava na máquina, os enfeitava com sutaches, cadarcinhos e trancinhas. Minha mãe tinha muito gosto para escolher as fazendas e cortava as costuras com muito desembaraço sobre uma grande mesa da sala de jantar.

Antes da Semana Santa, assistíamos em Rio Claro a festa do Carnaval, ou Entrudo como chamavam-na. Eram para nós, três dias perdidos, os quais passávamos presas dentro de casa, com medo dos mascarados, enquanto que, os irmãos já moços, se divertiam muito em jogar laranjinhas nas pessoas que se aproximavam de nossa casa.

Era costume das moças ficarem nas janelas com um buquê de flores para trocarem-nas com os mascarados. Estes apareciam nas ruas, montados em seus melhores cavalos, com vestimentas muito finas, de cetim, enfeitados, golas e punhos com bastantes rendas, tal como no tempo de Luís XV. Até os próprios animais e arreios eram enfeitados. Era costume subirem pelas calçadas para se aproximarem das moças nas janelas, trocando flores assim como gracejos.

Outros mascarados andavam a pé pelas ruas onde cercavam as pessoas e as forçavam a entrar dentro de um banheiro cheio de água que improvisavam em ruas tortas e em vielas para não serem vistas e percebidas.

Para nós só nos interessavam aquelas bandejas cheias de lindas laranjinhas (transparentes contendo dentro água perfumada) eram feitas com cera do reino e iguaizinhas às mexeriqueiras das nossas árvores do pomar. Apreciávamos tudo de longe, mesmo porque não podíamos brincar com as laranjinhas, não tínhamos força para acertar o alvo. Os mascarados falavam por acenos, por gestos, para não serem reconhecidos.

Findos os três dias de Carnaval já estávamos ansiosos e com saudades do nosso terreiro da fazenda, dos chinelinhos de couro, em vez de botinhas apertadas.

Na saída da cidade passávamos em frente ao cemitério, onde todos nós sabíamos que ali repousavam os nossos avós e parentes.

Em pleno campo descíamos para colher os cachos de indaiás. Enchíamos com ele a caixa do trole. Eram muito cheirosos esses pequenos cocos e gostosas as suas castanhas.

Chegávamos em casa como passarinhos soltos das gaiolas. Na mesma hora nos entregando aos nossos alegres folguedos, livres dos vestidos apertados, das botinhas amarradas em forma de trancinhas até o meio das pernas, roubando os nossos preciosos movimentos, e uma vez ali em casa, esquecíamos depressa os nossos pequenos sofrimentos e cada vez achávamos mais bonito e alegre o nosso Jardim. Ali estava nossa mãe de novo em suas atividades. Não nos descuidávamos da hora em que ela entrava na despensa para dar os temperos, entrávamos sorrateiros como um gato, para facilitar às negras alguma coisa que dali cobiçavam e que escondiam dentro do seio.

Fazíamos aquilo pela amizade que tínhamos para com elas ao ponto de arriscar serem vistas e castigadas com a palmatória. E então por mais que chorássemos e que quiséssemos apadrinhá-las, a resposta era sempre a mesma: "Querem vir apanhar em seu lugar?".

Elas nos estimavam, nos contavam muitas histórias e também nos livravam muitas vezes de irmos de castigo.

Muito cedo íamos para a cama e ficávamos ali até que dormíssemos, enquanto os meus pais e irmãos ceavam.

Meu pai não se recolhia muito cedo, passava algumas horas em sua sala descansando na rede dando tempo das pajens ajudarem a minha mãe acomodar os irmãozinhos pequenos que dormiam ao seu lado bem protegidos.

Meus pais todos os anos organizavam a festa de são João na fazenda, na casa do Jardim onde morávamos. Era a festa dos nossos sonhos!, e os escravos também sonhavam com esse dia. Era a única oportunidade que tinham de se chegarem despreocupados, livres e alegres à casa do seu "sinhô" como diziam, para ajudá-lo a preparar a festa tradicional, com o seu mastro, fogueira, folhas de palmeiras ramadas da flor-de-são-joão. Assim, já na véspera desse dia, eles iam ao mato escolher o poste para o mastro, lenha para a grande fogueira e galhos de bambu para nele serem entrelaçadas as flores-de-são-joão e em forma de arcos enfeitavam a varanda toda da casa, a qual com o clarão da fogueira parecia para nós como um céu aberto.

Era o único dia que pousavam fora de suas senzalas, que tinham a ilusão de liberdade.

Ninguém gozava mais do que eles nesse dia. Passavam a noite e amanheciam cantando, dançando e comendo ao redor da fogueira. A primeira cerimônia era o levantamento do mastro com a sua imagem renovada. Nessa hora soltavam os rojões, em seguida uma reza em voz alta e cantada. Nesse dia ganhavam roupa nova e um timão (um casaquinho curto de baeta), para vestirem nas manhãs frias de inverno.

Durante o ano eles guardavam uma caveira de boi para se divertirem com ela na noite de são João, assim aparecia de surpresa ao redor da fogueira um boi chifrudo correndo e assustando a molecada. Colocavam a caveira na ponta de um pau cobrindo-o com um cobertor vermelho.

As suas cantorias e danças eram muito parecidas com as dos índios como se vê hoje nos cinemas. Até mesmo os seus instrumentos de músicas, tambores, cuícas, berimbau e outras peças curiosas.

Enquanto eles folgavam ao redor da fogueira, nós da varanda queimávamos os fogos, pistolões, bombinhas, estrelinhas, e os manos se divertiam com os busca-pés, atirando-os de encontro aos negros que ali dançavam e cantavam despreocupados. A criançada porém, dava muito mais preferência às bonitas carteiras de traques, grandes, listadas de verde, vermelho, amarelo, contendo uma fileira deles, também de cores, presas por um fio de barbante, os quais não tinham coragem de arrebentá-los de medo de se queimar, mas que dávamos a outros de um a um para queimá-los atirando-os no ar.

Para nós, não havia outra festa que deixasse tantas recordações, e tantos vestígios ao redor da nossa casa. Até contemplávamos o ano inteiro o mastro de são João, com a sua imagem renovada, com um bastão ao lado e o carneirinho aos seus pés, ora tremulando com o vento virando de um lado para o outro, ora castigada pelas chuvas, mas, resistindo a tudo. E, não havia sítios nem taperas que não levantasse todos os anos, os seus mastros, e que a fé dos seus santos, deixasse de plantar as flores como a sempre-viva, monsenhor, perpétuas, etc. Perpétua é uma florzinha roxa, composta de inúmeras petalazinhas pontudas, espinhudas, viradas para cima, e uma das únicas flores que não se pode cheirar sem correr o risco de espetar a ponta do nariz. E nossa mãe contava que, era essa a flor que eu colhia, e levava-a ao meu pai, somente por ter o gostinho de vê-lo protestar.

Ele por sua vez nos pregava muitos logros, nos obrigando a abrir as mãos, para nelas deixar cair besouros, cigarras, vaga-lumes e outros bichos, dos quais corríamos de medo. Brincava muito conosco. Mas, quando entrava para o descanso e leituras em sua sala reservada, sabíamos respeitar a sua vontade com o nosso silêncio. Aqueles momentos ele gostava de permanecer sozinho, pensando nos seus problemas que eram muitos com tantos filhos! Começava a se preocupar com o bandinho menor que apenas sabia soletrar o abc que a mana Tudinha nos ensinava enquanto cosia os nossos vestidos. Ele resolveu então a nos dar em casa um professor, que foi o tio Alfredo, irmão de minha mãe, e muito moço ainda.

Esse meu tio foi o pai do primo Ulisses Ferraz. Nessa ocasião veio de Pirassununga a sobrinha Aninha, a primeira neta de meus pais, e que regulava de idade comigo, veio para aprender a ler conosco.

Passados tempos, a sobrinha foi encaminhada para o Colégio Florence, em Jundiaí para se educar.

Comecei desde aí, a achar falta em minha companheira de estudos e de cama, e a pensar que a minha vez de ir também para o colégio estava chegando. Não podia porém conceber a ideia de deixar aquela vida que tanto eu gostava, tinha medo de perder para sempre a vida de liberdade que eu passava ao lado dos meus pais e irmãos, onde nada me faltava, inclusive as árvores para trepar, passarinhos que tanto me atraíam, pescarias, garupa do Marmelada, tudo enfim!

Mas, a ideia de ver a sobrinha seguir para o colégio, e de eu ficar atrasada, foi me dando coragem vendo que era chegada a minha vez, resolvi a importunar o meu pai entrando receosa com as pontas dos pés, em sua sala, e ali agarrada no punho da rede, pedia-lhe em voz baixa que me levasse também ao colégio porém meu pai não me respondia, continuava quieto, impassível; eu voltava no outro dia, e era a mesma coisa. Ouvia falar em casa sobre a dificuldade de obter um lugar no colégio, e foi então que me despertou mais vontade de para lá seguir.

Continuei importunando o meu pai, quando um dia, sem esperar, ele me chamou para contar que, havia obtido o número 164, de uma sua sobrinha filha do tio Theodoro, a qual resolvera deixar o colégio, seguindo eu, em seu lugar, para o Colégio Nossa Senhora do Patrocínio em Itu.

A minha aprontação foi rápida, em janeiro de 1886, deixava o seu querido Jardim a célebre chefa do bandinho, a digna filha de Nhãnatoca. Foi seguindo o caminho de suas primas e da irmã Luiza, que naquele ano terminaria os seus estudos. E assim embalada com mil projetos, novidades, enxoval novo, viagens, colegas, iria estudar piano! segui contente até que me vi para dentro do grande portão do Colégio Patrocínio.

Nos primeiros dias estranhei muito a diferença de vida, e por mais que procurasse reagir, vieram as saudades, a tristeza pensando na distância em que me achava dos meus pais, de meus irmãos e de tudo que lá deixara!

Era tarde, tinha que me conformar e procurar a igualar-me às outras colegas.

Comecei porém a emagrecer, meus pais souberam e deram ordem ao colégio, para me fazerem tomar óleo de fígado de bacalhau. Achei-o horrível e repugnante, mas era obrigada a tomar, o que fazia tapando o nariz e tomando um cálice de vinho do Porto em cima para disfarçar o gosto do óleo.

Tive a sorte de encontrar no colégio, com as duas primas de Campinas, Ferraz de Andrade, as quais já eram freiras Irmãs de São José e uma delas como professora na classe preparatória, onde entrei no primeiro ano.

Era estudiosa e fazia tudo para tirar boas notas. Sentia porém dificuldade em aritmética, mas em compensação alcançava sempre notas de aplicação, comportamento, de ordem e de religião.

Ganhei logo uma professora de piano (*soeur* Elisabeth) muito boa e carinhosa. Esse estudo me distraía imensamente, pensando ao mesmo tempo nas músicas que iria aprender, para tocar para os meus pais ouvirem.

As primeiras cartas que deles recebia, assim como as que lhes enviava, me deixavam com nós na garganta, e custei muito para me conformar com a separação.

Durante os recreios fui conhecendo outras meninas, e procurando fazer camaradagem no colégio.

Em classes mais adiantadas, assim como em recreios separados, eu contava com duas tias irmãs de minha mãe por parte de pai, eram elas Maria do Carmo e Maria Rita. Contava também com as irmãs de minha cunhada Carolina, e uma delas simpatizou-se por mim, me procurando nas horas do recreio, onde vinha me agradar, era a Francelina que depois casou-se com o Joaquim Cordeiro.

Aos poucos fui me cercando de amigas, sentindo-me mais alegre, mais confiante. Corríamos muito durante os recreios, tínhamos muitas aulas por dia, levantávamos cedo para assistir a missa na capela do colégio, tínhamos o tempo todo tomado, já não pensava mais em tristezas e procurava suportar as saudades de casa.

À noite sentia-me cansada e dormia como uma pedra! sendo que essa felicidade ainda me acompanha até hoje.

Uma vez por mês tínhamos o banho de piscina onde entrávamos vestidas de camisolão de riscado, comprido até os pés. De modo que não aprendi a nadar naquele tempo.

Uma vez também por mês éramos levadas ao campo passear. Um negro velho como capataz seguia na frente do colégio, levando uma vara comprida para nos defender de algum boi que cismasse enveredar para o nosso lado.

Apreciávamos imensamente aqueles passeios, onde colhíamos flores e folhinhas peludas com as quais marcávamos as folhas dos livros de estudo. No velho pátio externo do colégio, tão triste e deserto, víamos velhinhas vagarosas e com as cabeças cobertas com um xale preto. Ao lado do colégio, fazendo frente para o nosso dormitório, havia um convento onde cantavam tristemente durante muitas horas do dia, fazendo contraste com a alegria que reinava dentro do colégio, sobretudo durante os recreios onde as próprias irmãs-freiras, nos faziam companhia, alegres e animadas. Ali tínhamos um enorme pátio, arborizado com árvores frutíferas, debaixo das quais, armavam-nos balanços.

Meus pais, apesar da distância e das dificuldades de transporte, me mandavam jacás com as melhores frutas. Eu as conhecia de longe quando o encarregado passava com as encomendas, a caminho do depósito que era uma despensinha, onde nos chamavam para verificá-las e recebê-las. E, numa das vezes, se não fosse bastante esperta, seria uma colega, de Campinas, quem iria saborear as minhas laranjas-seletas, as suas iniciais eram parecidas, o encarregado não tinha prestado atenção na letra *b*, Floriza Barboza Ferraz enquanto que, se pertencesse à colega, teria apenas os dois *ff*, Francisca Ferreira. Além do quê mostrei-lhe a carta do meu pai. Mas não deixei-a ficar desapontada, nem com vontade de chupar as laranjas, oferecendo-lhe uma braçada delas, e ainda me dando por muito feliz.

Nós aprendemos logo a repartir os nossos petiscos com as colegas, e tínhamos sempre com que adoçar a boca nos recreios. E assim não nos foi preciso recorrer à tática do mano João, quando interno no colégio em Campinas.

Ele tinha um colega que recebia sempre doces em caixetas. Esse colega ia saboreá-los na despensinha, escolhendo para isso uma hora que ali não tivesse ninguém. João observava-o de longe e via quando ele abria a caixeta com todo o cuidado, fechando-a depressa para não ser visto. O meu mano resolveu dar-lhe uma lição, começando por dizer-lhe em tom de brincadeira, quando se defrontavam nos recreios e em toda a parte: "Havemos de nos encontrar". Porém o colega não desconfiou de nada e continuou a fazer o seu trabalhinho bem calculado e às escondidas e, quando acordou já era tarde, o encontro havia se dado antes ainda do tempo!

É que o meu mano fazia o contrário do outro, retirando inteiramente a tampa da caixeta e se servindo à vontade, o encontro foi rápido.

Conosco já não se dava o mesmo, porque íamos juntas, ao mesmo tempo, à despensa. No ano que entrei para o colégio, o mano Tonico deixava a administração da fazenda de meu pai, seguindo para Ribeirão Preto, abrir fazendas de café.

Nessa ocasião, substituiu-o na administração do Pitanga, o cunhado Luiz Franco do Amaral, casado de novo, com a mana Tudinha, o qual por sua vez também deixou a administração, seguindo para outra zona distante, onde fora plantar cafezais.

Foi nessa época que terminou a escravatura, que começou para meu pai as grandes preocupações e as dificuldades, vendo-se obrigado a substituir os seus negros, por colonos estrangeiros. Ele não os entendia, e não suportava outra língua que a nossa, além do quê, eram indisciplinados, avançavam pelas estradas à procura de frutas, comiam até o pinhão-paraguai, juá-bravo, e outras frutas venenosas, ficando doentes, dando-lhe despesas e cuidados. Foi então que meu pai, contratou um moço italiano como administrador, o qual estava desempenhando a contento a sua missão na fazenda, quando surgiu a terrível epidemia de febre amarela em Rio Claro, se propagando pelos bairros e pelas fazendas do município.

E, com tanta falta de sorte, que o primeiro a contrair a moléstia, e a falecer, foi justamente o moço administrador. Chamava-se Emílio Spiniceli.

Foi então que o meu pai já tão desgostoso com tantos contratempos, se convenceu de que não lhe convinha mais continuar com a sua fazenda, resolveu definitivamente, a vendê-la. Nessa ocasião meu pai já tinha se mudado para Piracicaba, bastante longe da fazenda, além do quê não podendo se entender com os italianos, teve a sorte de encontrar um comprador e não relutou em vendê-la. Já havia lutado bastante, criado muitos filhos, e passado por dois grandes golpes com o falecimento da filha Maria Augusta e, logo depois, do filho mais velho, Luiz.

Meus pais tinham ainda que completar a educação das últimas filhas, e a mudança para Piracicaba lhes facilitou muito a resolver esse problema. Depois, ali eles tiveram uma vida muito mais confortável e tranquila, contando ainda com a companhia dos seus irmãos e de muitos parentes. O próprio, meu avô materno ainda era vivo.

Passaram a morar na chácara que receberam do tio José Jeremias, e ao lado do tio Theodoro, ambos irmãos do meu pai.

A chácara media treze a catorze alqueires de terras muito férteis, pomar bem formado, e pastagens. A casa era bastante grande e confortável. Era situada num lugar alto, alegre e pitoresco, com vista dominando grande extensão do rio Piracicaba, naquela altura já um tanto encachoeirado e barulhento. Na outra margem do rio uma linda passagem de canaviais verdejantes a perder de vista, assim como, matas e diversas casas de moradia.

Na entrada da chácara, caminhava-se por entre duas alas de bambus que chegavam até as proximidades da casa. De um lado o pomar e do outro, culturas e pastagens, as quais se estendiam até as margens do rio. Desse lado, a chácara fazia divisa com a Escola Luiz de Queiroz.

Meus pais além da chácara, compraram uma casa grande na cidade, situada numa esquina do largo do Teatro Santo Estêvão, e mais tarde compraram outras casas menores.

E para o recreio de meu pai, compraram um sítio de cinquenta alqueires de terra, a pouca distância da chácara e perto também da Escola Agrícola, ao qual meu pai deu o nome de Sertãozinho.

Na entrada da casa, minha mãe encontrou um jardinzinho cercado de grades, o qual dava para a janela de um quarto, e da sala de jantar. Esse jardinzinho era todo o seu enlevo, e onde encontrávamos todas as qualidades de flores. Nele havia flores de todas as cores e dos mais variados perfumes, desde os mais fortes, das angélicas, dos jasmins, até os mais suaves como os das violetas e das rosas.

Ali minha mãe tinha as mais lindas rosas no seu pequeno jardim, eram as enormes palmerosas, Capitão Christy, Príncipe Negro, e outras muito perfumadas como a Bela Helena. Rosas trepadeiras vermelhas, rajadas, todas muito lindas. Debaixo delas e por todo o jardinzinho brotavam e cresciam uma infinidade de flores como: papoulas, zínias, hortênsias, begônias de diversas cores e qualidades, lágrimas de cristo, floxes, rainhas-das-flores, esporinhas, margaridas, suspiros, beijos, saudades, brincos-de-princesa simples e dobrados, cravos, cravinas, petúnias, isauras, malvarisco, coroa-imperial, sempre-vivas, perpétuas e tantas mais, que não acabaria nunca de enumerá-las.

Entrelaçadas pelas grades do jardim víamos as trepadeiras, jasmins, estefanotes, primaveras, madressilvas, amorosa, eufórbia e outras mais. Enfeitando a parede que dava para a sala de jantar minha mãe fazia subir um viçoso pé de flor-de-cera. Pelas janelas da sala entrava todas as noites uma suave brisa, acompanhada dos deliciosos perfumes de todas aquelas flores do seu jardinzinho e, nenhuma visita se retirava sem levar dali um buquê de flores.

A chácara era perto da cidade, muitos iam a pé nos visitar. Outros de charretes e carros de praça. A estrada era larga e bem conservada, desde a cidade até a Escola Agrícola.

Meu pai, preferindo sempre a vida sossegada, permanecia a maior parte do tempo na chácara. Ali ele tinha o seu cavalo baio, o Chibante, e ia todos os dias passar algumas horas no Sertãozinho, levando a sua espingarda para caçar rolinhas. Procurava assim, ter uma distração, e uma continuação da vida que levava na sua fazenda em Rio Claro. Ali no Sertãozinho ele tinha cafezais, bananeiras, canaviais, matas, capoeiras, invernadas com animais, gado, porcos e outras criações miúdas.

Na casa da cidade minha mãe tinha também muitas flores e trepadeiras.

Era já um vício de família, porém um vício benfazejo como no caso da prima Idalina, irmã do Arlindo, a qual desde os dois anos de idade era cega, mas tinha os seus canteiros de flores, tratados por ela e nenhuma flor era dali substituída sem que ela percebesse e reclamasse.

Não deixava criar nenhum matinho no meio das flores e nem lhes faltar a água regando-as por cima com todo o cuidado.

As flores suavizaram a sua vida.

Possuía também um gênio alegre e divertido. Cantava com voz afinada e com muito sentimento as suas modinhas ao som do piano.

Eram do seu repertório as modinhas.

Há dias que passo na vida
Como filhas que o vento levou
Esses dias de vida ditosa
São memórias que o tempo deixou.

Outra que ela cantava com muita graça:

Nhô Tolo mecê já falô
Com o padre a respeito dos pregão
Uiai nhá que s'amos nhá Chica
Os negócio arranjado estão

Pois então o que farta Nhantônio,
Pra fazê a nhá Chica casá.
Farta tudo, farta o enxová
Pois o noivo num qué memo dá

Desaforo daquele ximbeva
Que os preparo a nhá Chica negô
Deixa está vou vendê o meu potro
Coio os cobre e na vila me vou

Ele pensa que é muito grande
Por sê na homeopatia formado
É o diacho os doutor destes tempo
São de todas as muié adorados.

Idalina era morena cor de jambo muito bonita de feições, gênio boníssimo. Viveu sempre em Piracicaba onde morreu há uns quatro anos.

———

Um pequeno ribeirão banhava as suas terras e dava força ao moinho de fubá. Dos canaviais ele mandava as canas para a chácara, onde assentou um pequeno engenho para fazer garapa e melado. Com um pequeno número de empregados ele mantinha em boas condições tanto o Sertãozinho como a chácara.

Meu pai nunca deixou de ter um quartinho de carpintaria, onde passava horas se distraindo. Não passava também sem música, além do piano, ele comprou um realejo grande, que tocava músicas de óperas, som alto e agradável, outro realejo menor, com músicas ligeiras, também muito interessante, e assim ele vivia contente na chácara.

Facilitava à minha mãe os passeios e as temporadas na cidade, dando expansão ao seu gênio alegre e comunicativo. Na casa da cidade ele colocou um piano novo, grande, para tocarmos durante as férias.

Minha mãe tinha sempre a casa cheia de parentes e de amigos, e gostava de promover reuniões, aproveitando o espaço e as comodidades que a nossa casa na cidade oferecia.

Depois de alguns anos morando em Piracicaba, começaram a chegar de mudança alguns dos seus filhos e netos.

A mana Júlia foi a primeira, trazendo os filhos para completar a educação, por sinal que mandou vir da Europa uma professora muito instruída, chamava-se ela mademoiselle Luiza Neget. Tanto a mana como o cunhado Pedro, ainda eram moços e conservavam a sua fazenda em Pirassununga, passando a vendê-la mais tarde.

Compraram uma bonita chácara, bem perto da cidade, e uma casa grande na rua do comércio, onde iam passar as temporadas das festas da Semana Santa.

Depois deles, chegou o mano Tonico, vindo de Ribeirão Preto, e comprando também uma chácara perto de Salto de Piracicaba, e na mesma direção da chácara dos meus pais, usando da mesma estrada. Chegou cheio de entusiasmo e de altas ideias. Mandou demolir a casa que ali encontrara, levantando no lugar, um bonito palacete, cercado de jardins, com belíssima vista para a cidade e para o rio todo encachoeirado. Formou um bosque na estrada da chácara, formou pomar, hortas, e boas pastagens para os animais de montaria e de suas carruagens. Comprou algumas cabeças de gado holandês tendo nascido uma vez, duas bezerrinhas gêmeas, ali na chácara, causando um grande sucesso.

O mano transformou completamente a sua chácara que foi muito admirada em Piracicaba. Naquele tempo já tinha filhos moços, somente o Moacyr, o caçula, era ainda criança. Um moleque encarregado de fazê-lo dormir durante o dia, passava pela sala com ele montado em suas costas, a caminho para a cama.

Depois de alguns anos, vendeu a sua propriedade, retirando-se para São Paulo, onde construiu um belo palacete na avenida Brigadeiro Luís Antônio.

O mano Juca depois de casado, morou sempre em Piracicaba, onde tinha a fazenda São José que foi do meu avô materno.

Era um sítio muito alegre por ser situado na margem do rio e tendo na frente, na outra margem do rio, a fazenda

Monte Alegre, com engenho de cana fabricação de açúcar cristalizado, de propriedade do sr. Joaquim Rodrigues do Amaral. Hoje todas as duas fazendas, inclusive o Sertãozinho e a chácara que foram do meu pai, pertencem aos Morganti que as transformaram em canaviais.

Muito nos divertimos na fazenda São José, onde o mano era cercado por muitos bons vizinhos, e recebia constantemente visitas dos parentes. Ele tinha boa casa, ótimo pomar, pesqueiro na beira do rio, fartura de peixes, e de caças em suas matas.

O mano Juca, antes de possuir a sua casa na cidade, assistia em casa de meus pais, quando vinha de sua fazenda São José. Desde aquele tempo, o mesmo fazia boa companhia aos nossos pais, sendo de todos, o filho que morou mais, ao lado deles, cercando-os sempre de muitos cuidados e de carinhos. Aliás era um irmão muito bondoso e muito querido no seio da família.

O terceiro filho que também passou a morar em Piracicaba, foi o nosso último irmão, Flamínio, que possuía uma chácara ou fazenda de café em São Manuel, na Sorocabana, a qual depois de alguns anos vendeu-a e comprou do mano Juca, a fazenda São José. Era por sua vez muito cuidadoso e carinhoso para com os nossos pais, os quais naquela época já tinham se mudado para a cidade, morando numa casa no largo do Jardim.

Depois chegou também de mudança para Piracicaba, o sobrinho Antônio Procópio de Araújo Ferraz, tendo comprado uma fazenda de café para os lados de Serra Negra, e uma casa-chácara, na cidade, onde morou alguns anos antes de se mudar para São Paulo. E assim, nossos pais viveram os seus últimos anos, cercados de muitos filhos, sobrinhos, netos e amigos.

A mana Júlia desde que vendera a sua fazenda de Pirassununga, morou sempre em Piracicaba, onde além da chácara, e de muitas casas na cidade, tinha também um sítio para o lado de Charqueada, onde fazia a sua distração como fazendeira, plantando roças de milho, de arroz, etc., criações de gado, etc.

Esse sítio era situado na margem do rio, e ali, a mana tinha canoa e pesqueira para o seu divertimento. O meu cunhado porém, não apreciava a vida de roça, preferia a da chácara e da cidade.

Antes, quando vieram de novo a Piracicaba passaram por muitas duras provações perdendo duas filhas moças, Maria Augusta e Julinha, e mais tarde um filho casado o Luizinho deixando três filhos, restando-lhes desde então, apenas, um casal de filhos, Aninha e Toniquinho.

A esse tempo em que a mana Júlia passou a morar em Piracicaba, eu terminava os dois últimos anos de colégio, onde me habituara tanto a viver, ao ponto de sentir-me atraída, e cultivar o desejo de entrar no convento, de fazer parte da Congregação das Irmãs de São José, onde eu contava com duas primas freiras, que ali viviam tão alegres e contentes. De modo que não relutei ao aproximar-me da madre superiora, irmã Maria Theodora, a qual me recebeu com muito carinho e me aconselhou consultar em primeiro lugar aos meus pais, escrevendo-lhes uma carta pedindo ao mesmo tempo o seu consentimento.

Não tendo bastante confiança em mim, para redigir a carta, pedi o auxílio de minhas primas freiras que se prontificaram a me ajudar a escrever a importante carta que tanto me preocupava no momento. Levaram-me a uma sala ao lado da minha classe, e ali muito compenetradas, as primas ditavam e eu escrevia aos meus pais. A carta era comprida, eu passei por muitas emoções, sobretudo quando escrevi aquele trecho no qual me comparava às "virgens loucas do Evangelho" de cujo significado ainda não tinha verdadeiro conhecimento, pois confiava-me na competência e na sabedoria de minhas boas primas que tão prontamente vieram ao meu auxílio. Isso se deu no meu último ano e em véspera de férias. De modo que restavam poucos dias para receber a resposta da minha carta, a qual eu esperava ansiosa, pois dela dependia a minha sorte.

Passados alguns dias, recebi uma cartinha curta, de meu pai, dizendo-me que não tinha idade bastante para escolher a minha vocação, que devia voltar para a sua companhia deixando o caso para ser resolvido mais tarde, pois ninguém mais do que ele e minha mãe desejavam a minha felicidade. E, chegando o dia final, da distribuição de prêmios no colégio, do encerramento do ano, meus pais mandaram o mano Juca, juntamente com a minha cunhada Carolina a Itu, me buscar. E ali, no salão nobre do colégio, reunidos os pais, os irmãos das meninas, recebi pela última vez os meus prêmios e a coroa de pétalas doiradas que a madre superiora todos os anos colocava sobre minha cabeça. Despedi-me comovida da madre superiora Maria Theodora, das minhas boas e bem-intencionadas primas freiras, assim como de todas as irmãs que foram minhas mestras, contando certa que voltaria um dia, preparar-me, para mais tarde ser também uma das Irmãs de São José.

    Não teria nunca a pretensão de ocupar o cargo de professora, bastaria que me confiassem os seus jardins e hortas para tratá-los que me sentiria muito feliz.

    Meus pais me mandaram pelo mano um lindo guarda-pó de alpaca cinzento com listinhas escuras para eu vesti-lo em viagens como usavam naquela época. Um chapéu de palha arredondado, também cinzento e claro, guarnecido de rosas cor-de-rosa, e naquele chiquê embarquei pela última vez na velha e tradicional estação de Itu, onde aos bandos enchíamos os seus vagões, duas vezes ao ano, vindas dos diferentes pontos do nosso estado e até de outros, em demanda do mesmo colégio onde ficávamos o ano inteiro presas como pássaros, enquanto logo adiante, em Itaici, o bondoso e célebre nhô Chico nos esperava todos os anos na mesma época, com a sua mesa sortida de tantas iguarias gostosas. Não faltando nunca aquelas travessas enormes cheias de pastéis, outras com frangos, lombos de porco com farofa, virados de feijão enriquecidos com ovos fritos, além do quê ainda nos franqueava os galhos de pêssegos maduros que pendiam do muro do seu pomar.

Essas viagens ficavam para sempre gravadas em nossa memória.

Ao desembarcarmos na estação de Piracicaba ali estavam os meus pais e grande número de parentes que não nos viam durante um ano! No meio de tantas pessoas queridas, nunca deixava de vir a minha boa madrinha Mariquinha, tão pequenazinha, tão cheia de vida, de simpatia e sempre sorridente. Em pequena era ela quem me enchia de presentes, aparelhinhos de xícaras de porcelana com frisos dourados, que eu quando ia para o colégio deixava guardados na alcova do meu pai na fazenda. Assim como uma interessante maquininha de fazer pontos de cadeia.

Naquele tempo as madrinhas eram muito disputadas, sobretudo a minha. Ela sabia descobrir nas lojas, os presentes que mais nos agradavam. Os primos também nos presenteavam, os de Campinas eram incansáveis. Do José Theodoro Ferraz de Andrade ganhei a boneca mais linda de todas. Não era grande, mas muito fina, tinha um rosto formoso de biscuit assim como os braços e pernas. O corpo de pelica, dormia e chorava. Conservei-a durante muitos anos, ainda com o seu vestido de seda chamalote; essa boneca serviu de distração à minha primeira filha, quebrando-se logo depois.

O Veadinho também de Campinas, nos levava muitos e finos presentes.

Essa boneca que eu acabei de contar, ganhei numa das vezes que me levaram em Campinas. Foi quando eu tinha aquele retrato que eu apareço com cara de choro no colo de meu pai que foi obrigado a sentar-se comigo na cadeira, pois a filha tinha medo da máquina fotográfica. Foi no tempo ainda que eu era muito medrosa e fugia da minha própria sombra.

Agora estavam satisfeitos com a filha em sua companhia, depois de cinco anos de colégio, de separação. Agora ia aprender com minha mãe os préstimos de casa, ajudar a tratar do seu jardinzinho e a receber as suas inúmeras visitas.

Todos me pediam para tocar piano, a *Traviata*, a marcha "D. Isabel", "L'Adieu", "Esperança perdida" e outras que tinha aprendido no colégio. Gostavam muito de ouvir a "Caixinha de música"; diziam que eu tocava como no realejo.

Todos me festejavam muito e me procuravam na chácara para fazermos passeios.

O mano Juca e Carolina me levavam aos concertos. Naquele tempo no Clube Piracicabano, havia primeiro um concerto antes das danças. Nele tomavam parte só as pessoas das famílias do lugar, assim como, uma ou duas filhas do dr. Prudente de Moraes, a Iaiá Conceição mãe do Edegard Conceição, a minha prima Eulália mãe da Gilda (que foi professora de piano de minha filha mais tarde) e muitas outras moças, rapazes e senhoras que residiam na cidade de Piracicaba.

Meu pai me levava a fazer passeios a cavalo no Sertãozinho, na Escola Agrícola e nos arredores de sua chácara onde tinha muitos vizinhos morando também em chácaras.

Num portão em frente ao seu, dava entrada ao Retiro onde morava o Bibiano Costa, casado com uma irmã de minha cunhada Carolina e chamada Antoninha, que faleceu moça ainda. Era muito bondosa e muito sofredora. Deixou uma filha chamada Aurora, e diversos meninos. Todos foram morar em Santos.

Íamos sempre passear na chácara da mana Júlia e juntamente com a minha sobrinha Aninha, dava meus passeios a cavalo pela cidade de Piracicaba, acompanhados pelo meu padrinho Manequinho Ferraz que possuía bons animais em sua cocheira da cidade.

Mandamos fazer cada uma, um bonito amazona para aqueles passeios. Compramos uma cartolinha, um chicotinho de luxo, e uma bota. O meu amazona era de gabardine verde cor de garrafa enfeitado com botões dourados. Meu padrinho tinha muito prazer em me levar passear. Percorríamos quase todos os bairros da cidade, desde a Vila Rezende e os lugares pitorescos nas margens do rio, até no Bairro Alto a caminho da chácara da tia Rita que era casada com um irmão do meu cunhado Pedro Rico chamado Maneco de Barros Ferraz.

O meu padrinho naquele tempo tinha a fazenda que foi do tio Pedro Jeremias irmão do meu pai, e uma boa casa na cidade, perto da casa do Prudente de Moraes. Era muito religioso, não faltava às missas, juntamente com a minha madrinha. Ela era a companheira e amiga inseparável de minha mãe.

O mano Juca e a cunhada Carolina que naquele tempo assistiam conosco quando vinham à cidade, me levavam ao teatro que era ao lado mesmo de nossa casa, e onde levavam comédias, revistas e espetáculos.

Nesse Teatro Santo Estêvão assistimos a companhia da artista mexicana Esperanza Iris.

O mano Juca era o mais entusiasmado e gostava tanto de comédias, dava gargalhadas tão gostosas, que as ouvíamos das janelas da nossa casa, pois eram inconfundíveis suas risadas.

Meus pais, logo que deixei o colégio, me proporcionaram um passeio ao Rio de Janeiro e a São Paulo na mesma ocasião, em companhia dos sobrinhos Toniquinho e Isabelinha.

Foi quando tiramos aqueles retratos parecidos e que hoje estão tão apagados.

Voltei desse passeio com alguns vestidos novos comprados em São Paulo na casa La Maison. Um deles era de merino creme, enfeitado de cetim macau da mesma cor, com um laço de fita de cetim também creme, preso atrás na altura da gola e caindo até a barra do vestido. Era um vestido cujo modelo tinha o nome de Suivez Moi. Fui com ele a uma soirée no Clube Piracicabano na noite de Sábado de Aleluia, no baile mais concorrido do ano.

O jornalista do lugar, um tal célebre Titico, que não faltava nessas ocasiões, tomava nota com o lápis no punho de sua camisa engomada, para no dia seguinte fazer a crítica no seu jornal.

Ele descreveu a minha toalete como sendo uma das mais distintas do baile. Havia outros muito mais ricos e vistosos como o vestido de Angelina Silveira Mello de uma seda azul-celeste, guarnecido na gola (decote) e na cauda (que arrastava no chão) com arminho branco. Ela, a Isaura, e a Otília de Almeida, foram as moças mais bonitas naquele tempo em Piracicaba.

Angelina casou-se com o Juquinha Conceição, Isaura com o nhonhô Moraes, e a Otília com o dr. Astérci Tourinho.

Todas as vezes que o mano Juca me levava aos bailes, os meus pares de dança não deixavam de interpelar-me sobre as intenções que eu mantinha de entrar para o convento.

Um deles (meu parente) chegou a me dizer que não podia acreditar que eu tivesse coragem de abandonar a minha família, e quando disse também "abandonar a pátria", se desapontou, aproveitei a pedir-lhe que mudasse de assunto. Depois disso passou muito tempo sem me tirar para dançar.

Um outro rapaz que advogava em Rio Claro e que me via pela primeira vez, veio me tirar para dançar e achou-se com o direito de me fazer declarações. Surpreendida e atrapalhada, sem achar o que responder-lhe, esperei a música terminar, retirei-me do salão, fui procurar pela minha cunhada e pelo mano Juca os quais haviam me levado ao baile, e vendo que não pretendia continuar mais ali, concordaram em voltarmos todos para a casa, uma vez que, não pretendia mais dançar.

O rapaz porém não gostou, se ofendeu com o meu gesto, e procurou se vingar deixando escrito numa folha espinhuda de um pé de cacto, em lugar que eu podia ler, este verso bem desconhecido.

Adeus bela, adeus ingrata, adeus fingida
Longe de ti vou passar o resto de minha vida.

Porém não aceitei-o como se fosse dirigido a mim. Era a primeira vez que o tinha visto, não podia portanto me tomar por ingrata e muito menos por fingida. Soube depois que ele era um bom rapaz, de família distinta, mas que de modo algum me interessava ainda mais que nutria a esperança de alcançar o consentimento dos meus pais para voltar a Itu e dar entrada no convento.

Apreciava muito as reuniões e festas, tratando a todos com iguais atenções.

Sempre muito submissa aos meus pais, dava muito valor aos seus conselhos. Eles até aquela data não haviam se manifestado diretamente mas aceitavam com muita confiança as opiniões do filho mais velho que insistia sempre comigo para que mudasse de resolução, que renunciasse à ideia de voltar ao colégio para ficar freira pois que serviria melhor a Deus constituindo família, fazendo a vontade de nossos pais que só desejavam a minha felicidade, já que era tempo de me decidir! e numa das vezes tanto insistiu comigo no assunto, e em presença de minha cunhada Aninha, que não ousando responder-lhe, levei o meu lenço ao rosto, e quando percebi estava só na sala. Depois daquela cena, fiquei pensando que nunca mais o mano tocaria no assunto, me deixando resolvê-lo livremente.

Porém ele não desistiu, não conformou-se com a minha atitude e não perdia a oportunidade de aconselhar-me, chegando a me dizer que, a sua satisfação seria tão grande que, nesse dia, colocaria em minhas mãos, um olho-de-gato. Essas foram as suas palavras. Porém, tomou-me por orgulhosa quando recusei a sua oferta, julgando-a como se fora uma imposição.

Fiz-lhe ver entretanto, nessa ocasião, que jamais desprezaria os conselhos e a vontade de meus pais, e que somente a eles, confiaria o meu destino.

E foi assim que, numa reunião na chácara de meus pais, achando-se ali presente o mano Tonico, outros irmãos e sobrinhos, num dia de são João, fui de novo interpelada e compreendi que era o momento de me decidir, resolvendo então a me casar. O mano Tonico seguiu imediatamente para a cidade levando o meu consentimento, ao seu cunhado Totó, Antônio Silveira Corrêa, e trazendo-o para a nossa companhia, onde com geral satisfação, fomos cumprimentados e ficamos noivos.

Desde então procurei esquecer o passado, e escrever à madre superiora, irmã Maria Theodora comunicando-lhe a minha nova resolução que seria compensada com o viver sempre junto de meus pais.

Longe estava de pensar que um dia, ou que, dali a dois anos teria que deixá-los, afastando-me para um lugar tão distante e desconhecido, submetendo-me a um esforço supremo, à prova do destino.

O mano Juca, guardando consigo aquela carta que eu escrevera aos meus pais, na qual me comparava às "virgens loucas do Evangelho", muito se divertira com ela, lendo-a para outros, comentando e comparando a vida da irmã que, agora rodeada de um bandinho de filhos, lutava em terra distante para realizar o seu grande ideal, o de voltar breve, para o seio da família em Piracicaba, onde já alguns dos irmãos se achavam reunidos ao lado dos nossos pais, tios e parentes. Assim pois, no dia de são João do ano de 1893, na chácara de meus pais, em presença deles, dos irmãos e sobrinhos, ficamos noivos. E a 29 de agosto do mesmo ano, seguia com o noivo para o altar da igreja matriz de Piracicaba, a filha da Nhãnatoca, em vez de ir para o convento em Itu, ouvir os sermões do padre Thadeu tão pequenino, mas que no púlpito tornava-se grande com os seus sermões inflamados e vibrantes. O velho e bondoso padre Friosti que com tanta paciência ouvia e perdoava os nossos pecados no confessionário.

E, assim, enquanto as primas freiras, me esperavam no colégio, recebia em Piracicaba perante o vigário padre Galvão, as bênçãos matrimoniais. O ato civil foi celebrado em casa de meus pais no largo do Teatro, pelo tio Juquinha Passaquatro, o qual na ocasião, substituía o juiz daquela vara.

Da igreja voltamos a pé, acompanhando-nos a banda de música que continuou tocando durante a festa do casamento, depois do qual, embarcamos para São Paulo, nos hospedando no Grande Hotel, onde passamos alguns dias, voltando em seguida para Piracicaba, de onde fomos morar na fazenda do meu sogro, e ali continuar com a sua administração.

Desde então afastei-me do alegre convívio de minha família, renunciando também os divertimentos da cidade.

A casa na fazenda, não oferecia conforto, não havia água para instalações necessárias e a luz era de querosene.

Não tendo reunido prática para dirigir uma casa de fazenda, me valia da companhia de minha sogra que gostava de ir passar temporadas conosco. Tanto ela como o meu sogro, estavam acostumados a fazer companhia ao filho na fazenda.

Tínhamos como vizinhos muito próximos o sr. Juca Ribeiro, sogro do tio Alfredo, falecido, e pai do primo Ulisses Ferraz, e o meu tio e padrinho Manequinho Ferraz de Camargo.

A única distração ali na fazenda, era o jogo de cartas, e o casalzinho de velhos eram justamente os mais apaixonados, e muitas vezes tive ocasiões de surpreendê-los no seu quarto, fazendo o jogo, sentadinhos na cama, e sobre um travesseiro que colocavam entre meio. Ela reclamando sempre: "Salvador, você está espiando?" era a última carta do baralho que ele não deixava mesmo de espiar. Cheguei até a aprender o joguinho de bisca, para satisfazer o meu sogro cujo baralhinho não saía do seu bolso. E, até na despensa encontrei-o por vezes, jogando bisca enquanto a cozinheira retirava dali os temperos para o almoço. Eram inseparáveis os dois.

À noite reuniam companheiros para o jogo de truco e então havia grande entusiasmo e algazarra. A princípio estranhei porquanto em casa dos meus pais só fazíamos música, leituras e conversávamos à noite. Ali, minha mãe descansando numa rede baixinha, balançava-a com a pontinha dos dedos apoiados ao chão, cantava com voz afinada a "Virgem casta eu já fui sem tu" ou "Como pode o peixe vivo viver fora d'água fria; como posso eu viver sem a tua companhia".

E ali na chácara, todas as noites, os dois dançavam, ela na rede, e meu pai numa cadeira alta de balanço, recordavam juntos o tempo feliz que passaram ao lado dos filhos na fazenda do Pitanga, na casa do Jardim.

Foi assim que deixei-os na chácara após o meu casamento. Ainda eram bastante resistentes e começavam a reunir de novo os filhos mais velhos, os quais passaram a morar em Piracicaba e a prestar-lhes assistência.

A fazenda do meu sogro era bem retirada da cidade, e a casa de morada muito sem conforto, faltando água e luz. Estranhei a falta de um pomar, de um jardinzinho, tendo encontrado deste, apenas os vestígios, num cercadinho ao lado da casa, que na ocasião estava servindo de pasto aos bezerros.

A casa de máquina era muito próxima à de moradia, de modo que além do barulho estridente dos seus apitos, ainda tínhamos a poeira invadindo toda a casa.

Na parte da frente havia um mangueirão, feito com guarantã e pau a pique, era onde prendiam os animais e, mais abaixo uma cocheira para os animais de sela. Para chegar até lá era preciso passar por diversos puladores porque não usavam as porteirinhas. Era um meio muito incômodo de se atravessar os cercados mas, como na fazenda eu não tinha muito com o que me distrair e, como eu era bastante ágil, logo me acostumei com aquele modo de passar de um lado para o outro, e isso eu fazia diversas vezes ao dia, para ir apreciar os animais e sobretudo os potrinhos novos. Antoninho era muito inclinado a animais e tinha alguns de raça, dentre eles uma linda potranquinha que era a nossa maior distração. Uma vez quando eu procurava agradá-la passando as mãos sobre a sua anca, me deu um coice formidável que teria me partido com o queixo se não estivesse tão rente dela, não lhe permitindo assim atingi-lo, apenas fazendo mudar de lugar.

Essa distração me saiu bem cara porque o lugar da cocheira era alagado por poças d'água paradas que fermentavam com o calor do sol, e ali contraí uma doença que me fazia tremer de frio e em seguida vinha a febre, como se fosse a maleita. O meu estado não permitia tomar remédios amargos como o sulfato de quinina e outros. Fomos para a cidade consultar com o dr. Paulo de Moraes Barros que era o médico de nossas famílias naquele tempo. Aconselhou-me repouso e uma permanência na cidade. Com a mudança de lugar, com a assistência carinhosa da minha mãe e, as atenções do dr. Paulo, recuperei a saúde voltando depois para a fazenda, tendo o médico me recomendado evitar de ir naqueles lugares cheios de fermentações. Decorridos porém alguns meses voltaram de novo os tremores e a febre, mas com intervalos mais ou menos longos. Por fim, a conselho do médico que receava uma complicação e o perigo de agravar-se o meu estado tornamos a voltar para a cidade onde fiquei em observação e tratamentos preventivos por mais algum tempo e nessa situação bastante melindrosa foi que nasceu a nossa primeira filha por sinal que, tão pequenina dando motivo de muitos pensarem que ela não crescesse! Essa preocupação concorreu para prejudicar ainda mais a minha saúde, ao ponto de faltar de tudo o meu leite. O dr. Paulo além de bom médico e amigo, tinha o poder de convencer os seus clientes nas horas difíceis; assim ele procurou me animar citando exemplos de crianças que nasciam fora do tempo, como a sua própria filha primogênita, e muitas outras passadas por suas mãos, que cresceram e se desenvolveram com o tempo.

Na mesma ocasião, estavam em casa de meus pais minhas irmãs Tudinha e Luiza, ambas com as suas crianças quase da mesma idade que a nossa, porém muito fortes e robustas. Eram Stella e Maria Luiza.

Nenhuma das minhas manas puderam-me ajudar, pois, a primeira era asmática, teve receio de oferecer o seu leite, e Luiza por sua vez com uma ligeira erisipela nessa ocasião. Minha mãe mandava buscar em vidrinhos, em casa dos parentes uma quantidade mínima, mas que bastava para satisfazer a nossa filha que tomava leite às colheradinhas. Mas por sorte, na fazenda do meu sogro, uma colona italiana muito forte e sadia que nessa ocasião tinha perdido o seu filho, aceitou o nosso convite, o de vir amamentar a nossa filha sujeitando-se em primeiro lugar a um exame de saúde pelo nosso médico, e prestou-nos o seu auxílio durante onze meses. Suportamos com paciência, um seu filho de dois anos que apesar de muito forte, era manhoso e agarrado com a mãe. Desse modo nos obrigou também a não sair da fazenda, a não ser por motivo de doença. Também, bastava uma pequena dúvida, um espirro, já o trole estava de prontidão na porta da casa para nos levar à cidade.

E o dr. Paulo que sabia o quanto eu era nervosa, quando de longe avistava o nosso trole entrando na cidade, dizia "Aposto como são eles, o Totó" (como ele tratava o Antoninho) "e d. Floriza"; era mesmo nós que, preferíamos assim, a deixar para depois, os nossos cuidados com a criança. E, não foram demais, durante dois a três anos tivemos muitas preocupações e desvelos especiais com a sua saúde, tornando-se depois tão forte como as demais irmãs.

Quando estávamos terminando o contrato na fazenda de meu sogro, chegou a vez do segundo filho. Já nessa ocasião, Antoninho andava preocupado com o nosso futuro, e procurando meios de encontrar um sítio para comprar, chegando ir até em Ribeirão Preto, onde já meu mano Tonico era fazendeiro, e onde nada encontrou que pudesse comprar, pois os negócios que lhe ofereceram naquela zona, estavam muito acima de suas posses. Em Piracicaba, assim como outros municípios mais próximos, nada encontrou que compensasse os esforços que estávamos prontos a fazer.

Foi então que, em último recurso nos lembramos e resolvemos de, ir para Lençóis plantar café nas terras onde já tínhamos a nossa parte garantida, e onde já se achavam os cunhados José Cândido e o Quim, tentando plantar os primeiros mil pés de café. Mas, eles quase nada conseguiam devido à falta de bons empreiteiros e de camaradas, chegando Antoninho a mandar-lhes de Piracicaba por diversas vezes, e com grande dificuldade, mas, não se acostumavam e ainda fugiam da fazenda deixando dívidas. De sorte que, o nosso primeiro cuidado, antes mesmo de para lá seguirmos, foi o de ir a São Paulo arranjar colonos na Imigração. E, Antoninho, tomando essa decisão, para lá seguiu me deixando em companhia de meus pais, na chácara, onde nasceu o nosso segundo filho. Apenas teve ele o tempo necessário de conseguir na Imigração arranjar os colonos, e de levá-los até a fazenda onde procurou acomodá-los do melhor modo que pôde, até que, mais tarde tivessem uma boa colônia com cercados e paióis. Assim deixou-os sob a responsabilidade de um empregado, porque o seu irmão José Cândido já havia se separado da fazenda do Engenho naquela ocasião ficando com as terras do Brejão e alguns mil pés de café.

O Quim por sua vez apesar de continuar na sociedade, pouco permanecia na fazenda passando a maior parte do tempo em Piracicaba. De modo que Antoninho se apressou em voltar para regular a nossa situação e seguimos o mais breve possível para Lençóis. Assim ele chegou em Piracicaba, dia 1.º de janeiro de 1896, e dia 3 nasceu o nosso filho, e, já em meados de fevereiro estávamos com a mudança preparada e com a viagem marcada para Lençóis.

Faltava-nos porém o principal, que era justamente um capitalista, que nos emprestasse o dinheiro necessário para tocar a fazenda. Lembrou-se e se dirigiu ao seu tio e padrinho, o Nhozinho das Palmeiras que naquele tempo já era sogro do meu mano Juca, e, fazendeiro abastado em Piracicaba. Essa parte foi relativamente fácil de vencer, o tio conhecia bem a capacidade do sobrinho e não teve dúvidas em confiar-lhe o seu crédito. O pior, para nós, foi a separação da família, a qual nos custou um esforço quase sobre-humano, mas que o vencemos cheios de resignação e coragem. Tínhamos muita esperança de em pouco tempo adquirirmos o nosso pecúlio e de voltarmos para junto de nossas famílias. Não contávamos com as dificuldades e os trabalhos que lá fomos encontrar. O nosso médico o dr. Paulo, ao saber da nossa resolução, apostava, de, como em menos de um mês estaríamos de volta. Ninguém melhor do que ele, conhecia aquelas longínquas paragens, era caçador que não media distâncias. E, também ninguém nos conhecia melhor e foi por isso que apostou, mas dessa vez perdeu a aposta. É que agora tínhamos já dois filhos e com eles as nossas ideias foram crescendo. Depositamos todas as nossas esperanças naquelas terras, e não tivemos dúvidas em seguir para lá, uma vez que não tínhamos recursos suficientes para comprar um sítio ou terras mais perto de Piracicaba. Estávamos prontos a nos sacrificar, contanto que fossem bem aproveitados os nossos esforços. Não quisemos ficar naquela expectativa, marcamos sem mais demora o dia do nosso embarque que deveria coincidir com o de um dos vapores da Companhia Fluvial de Navegação que nos esperava em Costa Pinto, no Porto de João Alfredo. Essa linha de vapores era regular (quatro ao todo) que faziam a carreira de Porto de João Alfredo, ao Porto de Carapina no município de Pederneiras, faziam esse percurso de oito em oito dias, rebocando grandes lanchas com mercadorias levadas de Piracicaba e de outras procedências.

O vapor que nos esperava em João Alfredo era o *Souza Queiroz*.

Embarcamos em Piracicaba em vagão de carga pois nesse dia não teve o de passageiro, e não queríamos perder o vapor, da Fluvial.

Coincidiu que, conosco, embarcaram nesse dia Felipe e Candinha com destino ao Porto Martins e de lá a São Manuel do Paraíso, onde foram morar, e foi quando nos conhecemos pela primeira vez.

Nossa despedida foi muito comovente; a estação de Piracicaba estava repleta de pessoas queridas, de parentes e amigos, tanto da nossa parte como da parte de Felipe. Nossos pais que ainda eram fortes e animados, ali foram para nos dar coragem, procurando esconder as suas grandes preocupações de nos ver seguir para tão longe e com duas crianças ainda tão pequenas. Na última hora ainda minha mãe notou que, conosco viajava uma família de caboclos com uma criança atacada de tosse comprida. E foi naquele ambiente de tristezas e de nervosismo que deixamos na estação as nossas famílias.

Levávamos para nos ajudar, uma menina como pajem das crianças.

Logo que chegamos no porto de embarque, nos apressamos a entrar no vapor a fim de tomarmos logo uma cabine, pois somente existiam duas e muito pequenas. A segunda já encontramos tomada, de modo que, Felipe e Candinha não tiveram onde se acomodar durante aquela noite. A sua viagem era mais curta que a nossa, iam descer no Porto Martins e dali tomavam um ramal da Estrada de Ferro Sorocabana até Vitória e dessa estação teriam que seguir para São Manuel do Paraíso onde Felipe tinha, na beira da Estrada de Ferro Sorocabana, uma máquina de beneficiar café, e perto da mesma uma casinha de madeira onde passaram a morar.

Cedemos um lugar em nossa cabininha para Candinha do lado dos nossos filhos, enquanto que Antoninho e Felipe procuravam se acomodar em cima, no pequeno convés do vapor protegido apenas por um toldo. Essa primeira noite pousamos parados no Porto de João Alfredo para no dia seguinte sairmos muito cedo (ao clarear do dia). O rio era cheio de pequenas ilhas e de curvas apertadas onde o vapor passava com dificuldade obrigando os marinheiros a prestar toda atenção, protegendo o barco de ambos os lados com auxílio de longas varas de madeira que apoiavam em terra, evitando desse modo que o vapor fosse de encontro aos barrancos.

Quando chegamos na junção dos dois rios, caminhamos bastante sobre as águas do Tietê, rio acima até chegarmos no Porto Martins, onde desceram Felipe e Candinha e onde as lanchas descarregavam algumas mercadorias, depois do quê tornam a descer o mesmo rio para continuarmos a nossa viagem, e daí em diante com muito mais volume de água. Na junção dos dois rios notamos uma grande diferença na cor das suas águas.

O vapor não oferecia nenhum conforto, mas a viagem era interessante, passando por extensas matas, muitos pássaros inclusive garças e patos-do-mato voando dos banhados, caças de pelo que apareciam assustadas nas margens do rio, e os jacarés nos bancos de areia.

Nas paradas dos portos, os passageiros pescavam lambaris que o cozinheiro fritava fresquinhos.

A comida no vapor, era feita sob as nossas vistas, despertando desde cedo um bom apetite. A carne que nos forneciam a bordo era a do Rio Grande (charqueada) que cozinhavam até no feijão.

Os pernilongos nos atormentavam à tardinha e a noite toda. Voavam em nuvens para dentro do vapor e invadiam as cabines. Em Piracicaba já haviam me prevenido de modo que eu levava cortinado de filó para proteger as crianças, prendendo-o desde o teto da cabininha até arrastar no chão. Daí o abafamento e o calor, com as máquinas e o fogão ali tão próximo de nós.

Finalmente, na tarde do terceiro dia de viagem, avistamos e chegamos no nosso porto de desembarque: Porto Eliseu, como era conhecido naquele tempo; hoje Porto Lençóis.

Nos apressamos em descer e tomar logo o trole que nos esperava em cima no alto do morro. Daí até a fazenda, a caminhada era longa e penosa devido à estrada que ainda era estreita, cheia de buracos e sulcos causados pelos carros de bois com as suas rodas pesadas de ferro. Assim fomos caminhando com pressa de chegar em casa, com tempo de acomodar as crianças. Ao nos aproximarmos da nossa fazenda, avistamos alguns telhados velhos das casas onde estavam morando os nossos colonos, algumas ainda no meio de capoeiras. Nessa altura o troleiro nos avisou que numa daquelas casas se achavam duas crianças muito doentes com crupe;

eram os dois filhos menores do Cavalari (gêmeos) por sinal que não resistiram, faleceram logo.

Atravessamos apavorados aquele trecho do caminho com essa notícia tão inesperada no fim da nossa longa e fatigante viagem!

Não tivemos sossego nos primeiros dias pensando no perigo a que estavam expostos os nossos filhos apesar de nossa casa ser bem afastada da colônia.

Naquele tempo em que fomos para lá, era dono da fazenda do Porto um tal Nhonhô de Salles. A sede da fazenda era grande e luxuosa para se ver de longe, e tinha um grande pomar atrás da casa. A família porém estava sempre fora e um administrador é que aproveitava todas aquelas comodidades.

Quando ainda não tínhamos frutas no Engenho mandávamos os carroceiros quando iam embarcar café ou outra coisa, no Porto Eliseu comprar laranjas, e nos vendiam cem laranjas por mil e deliciosas, cujas sementes fiz nascer e nos deram por muitos anos as melhores laranjas de semente.

Existia na beira do rio, a estação de embarque. Era um barracão muito grande de madeira, e o chefe da estação era um português chamado seu Soares, auxiliado por um seu cunhado.

Era o mesmo sr. Soares que depois passou a morar em Santo Antônio do Tanquinho, hoje Macatuba.

Havia perto da fazenda, um negociante forte chamado Paulo Souza, e um farmacêutico com uma pequena farmácia no pasto da fazenda. Chamava-se Anacleto Pereira da Rocha.

Mas felizmente a terrível moléstia não se propagou, nem mesmo nos próprios vizinhos de casa do Cavalari, e foi então que ficamos mais tranquilos.

Ao chegarmos perto do casarão velho da máquina, tivemos que atravessar de trole o ribeirão, por cima de uma ponte muito alta e em ruína. Depois subimos o morro de pedras tomando o caminho para chegar em nossa casa, onde entramos já com o escuro, alumiada com lampiõezinhos de querosene. Um preto velho chamado Roque, cego de um olho, nos esperava com um jantarzinho requentado, com um franguinho quase seco.

Fui logo procurando onde me acomodar com as crianças, mas não pudemos armar nenhuma cama e, estendemos os colchões no chão, acendemos algumas velas de medo dos ratos e das baratas. Desse modo passamos a primeira noite, e só no dia seguinte foi que fiquei conhecendo a minha nova morada que só tinha ao redor um pequeno terreiro e cercada de matarias de ambos os lados. A própria colônia que vi àquele tempo ainda estava no meio de capoeira, mal avistávamos alguns telhados e por detrás dela, no alto do espigão onde começávamos as derrubadas para plantar os cafezais, existia árvores colossais de jequitibás, figueiras, perobeiras, jangadas, em cujas copadas pousavam os pássaros, araras e papagaios, vindos dos sertões mais longínquos.

Bandos de patos-do-mato e de marrecos atravessavam por cima da nossa casinha já ao escurecer, indo baixar na lagoa mais próxima.

A casa era muito pequena e baixa. As paredes um tanto velhas e estragadas, eram feitas de barrote com casca de coqueiro, e somente a salinha de jantar era forrada de pano de estopa e já bastante apodrecida pelas goteiras, cheias de buracos por onde vazavam cacos de telhas e até ratos os quais andavam de correria pelo telhado tanto de dia como de noite. E tudo muito preto da fumaça que subia da cozinha que era na parte ainda mais baixa da casa.

Água não havia dentro e a luz era de querosene. E, benfeitoria, tinha apenas uma tulha feita de tábuas dividida em três partes, das quais uma servia de quartos para camaradas e a outra de um pequeno armazém.

Ali perto de casa, só tinha de bonito, um grande rego d'água transparente, cheio de peixinhos e onde me distraía pegando-os com anzóis e com peneiras. Dali trazíamos a água para o gasto da casa, por meio de latas ou de baldes.

Com o tempo tornou-se um perigo para as crianças, por ser muito volumoso, e fundo em diversos lugares, obrigando-nos a uma vigilância constante e severa. Mesmo assim, quase todos chegaram a cair dentro do rego d'água, porém acudidos a tempo.

Aquela água era destinada a mover a máquina de beneficiar café, e à serraria que não parava de trabalhar, serrando aquelas toras enormes que vinham do mato, para serem transformadas em tábuas, ripas, caibros, etc. destinadas à construção de casas de colonos, os quais se achavam mal acomodados, morando em casas velhas e estragadas. Quase todos tinham família grande, muitas crianças pequenas, e muita necessidade de boas acomodações. Contávamos com eles, com o seu valioso trabalho, para transformar aquelas matas em cafezais, e estes, em fonte de rendas que garantiriam a formação de muitos outros cafezais, e o futuro dos nossos filhos.

Acompanhávamos portanto, com muito interesse os trabalhos dos carpinteiros ali na serraria, onde íamos nos distrair, vendo-os cheios de vida e de atividade, a colocar debaixo da serra aquelas toras colossais.

Cheios de esperança e de coragem, íamos suportando aquele degredo, onde até a correspondência dificilmente chegava às nossas mãos.

Porém o que mais nos afligia ali tão longe, era a falta de recurso médico, quando nem ao menos um farmacêutico existia na pequena povoação de Santo Antônio do Tanquinho, hoje Macatuba.

Anos depois, foi que, mudou-se para ali, um farmacêutico que morava na fazenda do Porto Eliseu, chamado Anacleto Rocha, e era quem atendia os doentes da povoação e das fazendas vizinhas até que tivéssemos um médico.

Tomávamos portanto extremos cuidados com as crianças para não adoecerem. Porém com os nossos colonos não pudemos evitar, sofreram doenças graves como o Cavalari que além de ter perdido os filhos gêmeos de crupe, perdeu o filho mais velho de febre tifo. Era ele, um moço muito forte, chamava-se Amadeu.

Tínhamos em casa uma pequena farmácia com medicamentos caseiros, como *Aconitum*, beladona, sais, óleo de rícino, sulfato, iodo, etc. e nos guiávamos por um dicionário de medicina Chernoviz que levamos de Piracicaba na nossa mudança para Lençóis.

No bairro não conhecíamos ainda os vizinhos, somente o meu cunhado José Cândido que morava perto, mas que, raramente tínhamos ocasião de visitá-lo, porquanto tendo ele os sogros e cunhados morando em Lençóis, para lá se dirigiam aos domingos e feriados, passando de trole por nosso terreiro a caminho daquela cidade.

Outros vizinhos fazendeiros, como o comendador Silva Paranhos, João C. Silva Telles e outros só muito depois que os ficamos conhecendo. Procurávamos então, fazer amizade com os pequenos vizinhos sitiantes, sendo o nhô

Joaquim Bento um dos primeiros que conhecemos. Tinha ele o apelido de nhô Joaquim Criatura, assim porque tratava a todos por "criatura", obedecendo ao impulso de sua simpatia, e chegando às vezes a exceder-se quando gostava muito de uma pessoa, assim se expressava: "Ó que criatura desgraçada de boa". O meu mano Juca foi o alvo de admiração do nhô Joaquim.

Outro vizinho muito bom foi o nhô Chico Buara. Todos eles eram caçadores de veados, de capivaras, e pescadores do rio Tietê, assim como do ribeirão dos Patos e, de onde nos traziam de vez em quando, peixes gostosos.

Era raro o domingo que não apareciam em nossa casa com o picuá cheio de presentes. Os esperávamos sempre com prazer, apreciávamos a sua franqueza e simplicidade. Conosco resolviam as suas pequenas dificuldades e problemas. Tinham muita confiança na opinião do nhô Tonico, ou, Coronel Silveira como o chamavam.

Raramente podíamos sair, visitá-los, pois, aos domingos justamente éramos mais procurados por todos, inclusive pelos nossos colonos, em acertos de contas, ou em consultas.

Tínhamos apenas um empregado para nos auxiliar na lavoura e para manter a ordem e respeito na colônia. Era um moço de boa família, filho do sr. João Frutuoso de Melo Coelho, morador em São Manuel. Este senhor, já naquele tempo era sogro do Alexandre Siciliano (conde Siciliano).

Esse nosso empregado Ozório, foi quem guiou na lavoura, os nossos colonos que vieram da Imigração. Eram quase todos sadios, trabalhadores e ambiciosos. Iam cedo para a roça e só voltavam à tarde. As mulheres e crianças levavam a comida na roça e ficavam algumas horas ajudando-os.

Quando chegamos na fazenda encontramos muitos deles estranhando a mudança de clima, e principalmente os mosquitos, os terríveis transmissores do berne que os atacavam em caminho para o cafezal, impossibilitando-os muitas vezes de trabalhar. Diariamente recebíamos em casa, homens, crianças e mulheres para serem medicados. Alguns vinham com inflamações adiantadas, por não saber como extraí-los e por falta de desinfecção. Atendíamos a todos, empregando os meios mais práticos que conhecíamos. Levávamos horas seguidas medicando-os.

Com o tempo eles aprenderam a evitar, não deixando na roça as crianças dormir com os seus corpinhos descobertos, nem o de vestirem as suas roupas antes de passá-las a ferro, ou mesmo pelo calor do fogo.

Um dia me trouxeram uma criança de peito, que chorava coçando os olhos com as mãozinhas, sem poder dormir. A mãe já estava cansada e muito nervosa resolveu levá-la em casa para ser examinada. Desconfiei na mesma hora que a criança tinha sido como os outros, vítima dos mosquitos, e mandei que a mãe chegasse o filhinho ao peito enquanto este mamava, pude verificar que dentro do canal da lágrima existia um corpo estranho que devia ser dali extraído. Eu não tinha uma pinça, e tive que improvisá-la com o auxílio de uma pena de escrever forçando um pouco a sua ponta. Até aí fui bem, porém, o mais difícil foi conseguir me aproximar dos olhinhos da criança pois a mãe muito aflita e chorosa procurava esconder o rosto do seu filho. Não tinha confiança na enfermeira, tinha medo que, com o bico da pena furasse os seus olhinhos. Esperei que a criança dormisse e fiquei atenta, para no momento oportuno, com a minha mão bem firme poder dar-lhe um alívio, evitando assim, uma infecção no canal da lágrima. E, assim o meu esforço foi coroado de êxito, e tive a satisfação de ter podido fazer um benefício tanto à mãe como ao seu filho.

Essa criança que eu mediquei, foi o João Campeão filho do colono Antônio Campeão. Cresceu na fazenda e mais tarde casou-se com a Maria, filha do José dos Santos que foi nosso fiscal no tempo da casa nova. Não teve sorte, pouco viveu depois de casado deixando a Maria viúva, e uma filha. Faleceu de febre tifoide.

Os colonos logo que foram para a fazenda ainda tiveram outros contratempos que muito os molestavam, assim como os minúsculos carrapatinhos, os quais chamavam de micuim que infestavam os pastos e capoeiras por onde eles caminhavam com as crianças para irem aos cafezais. Estas se coçavam até formar feridinhas, as quais inflamavam devido às crianças terem sempre as mãos sujas de terra. E assim ficavam com o rosto, braços e pernas cheios de feridas, e nesse estado tinham que acompanhar os seus pais no serviço, pois nem todos tinham uma avozinha velha, ou outra pessoa para tomar conta deles em casa onde corriam o risco de se queimar ou mesmo de serem machucados por uma criação no terreiro.

O trauma foi para eles outro flagelo, mas este, trouxeram da Imigração. Era uma moléstia muito difícil de curar, não cedia com nenhum remédio caseiro. Não suportavam a luz do sol, o qual tentavam esconder com os seus bracinhos. Cresciam anêmicas, apesar do bom clima da fazenda. Mesmo até depois que o Governo mandou instalar na povoação, um posto médico para tratar dessa moléstia, quase nada conseguiam aproveitar.

O tratamento era bárbaro: reviravam as pálpebras e sangravam os olhos das crianças, que acabavam desistindo logo de procurar o posto médico.

Eram em número de doze as primeiras famílias que vieram da Imigração. Quase todos italianos de Mântua, alto da Itália, gente toda muito boa e sadia. Com eles vieram três famílias de espanhóis que foram: Antônio Serraro, Manuel Gonçalves, tão bons como os italianos. Mas a terceira, cujo nome não me lembro porque pouco parou na fazenda, foi a autora do mais grave conflito que se deu em nossa fazenda, três meses apenas, após a nossa chegada, quando ainda, cheios de preocupação, procurávamos atender as necessidades dos próprios colonos, esse espanhol apareceu um dia, ao anoitecer, na porta de nossa casa, em atitude visivelmente agressiva e provocadora, indo logo de encontro ao nosso empregado Ozório de Melo Coelho, julgando encontrá-lo só e desprevenido. Na véspera sua mulher havia lhe enchido os ouvidos, de queixas contra o nosso empregado, por este ter posto os seus cachorros em perseguição aos porcos do casal, quando foram encontrados estragando as roças de milho e as covas de café; tendo havido nessa ocasião, forte discussão e trocas de palavras entre a mulher que se achava muito exaltada tendo mesmo avançado contra o nosso empregado e este, que cumpria as ordens do patrão. Com o espírito assim prevenido e envenenado pela mulher, o espanhol veio pronto para brigar, e começou procurando um pretexto para provocar o empregado da fazenda. Este compreendeu logo o perigo que o ameaçava, mas estava armado de garrucha, enfrentou-o. O espanhol muito irritado, começou por lhe dizer que aquele serviço que a turma de camaradas tinha feito no seu café, ele não aceitava, não pagaria porquanto achara-o muito malfeito, e que se não houvesse justiça, ele a faria pelas próprias mãos. Dito isso foi logo arrancando da cintura o seu refe ameaçando ferir o nosso empregado.

A luta foi rápida e feroz; o espanhol foi alvejado por diversos tiros de garrucha, e mesmo assim bastante ferido entrou dentro de casa em perseguição ao adversário conseguindo atingi-lo com a ponta de sua terrível arma, numa das coxas e teria liquidado com a sua vítima se não tivesse ao entrar pela salinha de jantar, se atrapalhado com a mesa, e deparado ali com o patrão e um hóspede que acabavam de chegar de Lençóis, estando eu naquela hora servindo-lhes o jantar.

A cena foi tão rápida e traiçoeira que só demos pelo fato quando estavam já dentro da sala, e nesse momento Antoninho agarrou-o pelas costas e com custo conseguiu subjugá-lo, desarmá-lo, e mesmo assim sentindo tantas dores e muito ferido, tentava resistir à prisão, mas foi levado a uma tulha ao lado da nossa casa, onde berrou a noite toda.

Naquela hora do conflito, eu só tive tempo de correr com a minha filha nos braços, cerrar a porta do meu quarto onde dormia o irmãozinho, e descer, esconder-me na casinha. Ali, tremendo de medo, ainda ouvia os protestos do espanhol, e os gemidos do empregado que tentava com as mãos estancar o sangue que corria de seu ferimento, pedindo ataduras, algodão ou panos para queimar, enfim uma coisa que fizesse parar de correr o sangue.

Era preciso socorrê-lo: me achava só ali dentro de casa, estando os demais, ocupados ainda com o espanhol lá fora, e logo que me certifiquei de que o criminoso estava preso em lugar seguro, subi a escadinha da cozinha, dando de encontro com o empregado que ali esperava por alguém para socorrê-lo. Vi a casa cheia de rastros de sangue; até um babador do meu filho que estava preso no punho da rede num canto da salinha, encontrei manchado de sangue.

E quando entrei no meu quarto para acomodar minha filha ao lado do irmão que dormia, avistei debaixo da cama o refe do criminoso que Antoninho com a pressa de desarmá-lo, havia atirado para dentro do nosso quarto tendo ido parar debaixo da cama. Alguns camaradas que assistiam a cena do lado de fora da casa, fugiram amedrontados, tendo apenas um deles o moleque Joaquim Olímpio que, saltando pela janela, entrou acudiu o patrão que lutava juntamente com o seu hóspede que era o meu parente Reinaldo Brasiliense, de Piracicaba.

Foi a cena mais trágica que presenciamos em nossa fazenda.

No dia seguinte cedo, chegou a diligência acompanhada de vários curiosos. Dentre eles estava o administrador da fazenda Paranhos um tal Souto, que mais tarde foi trabalhar em Santos em casa comissária. Estava também o meu cunhado José Cândido que foi nos levar a sua solidariedade, e um sr. José de Mattos, do estado do Rio que também foi nos levar a sua prova de amizade.

Desde esse dia compreendi os perigos que nos cercavam naquele lugar isolado e morando dentro de uma casa tão mal segura! Não só começamos a recear os malfeitores e valentões que atravessavam pelo nosso terreno e caminhos, como até, dentro da própria colônia onde já havia misturas de raças, inclusive calabreses.

Essa notícia chegou logo em Piracicaba, e o meu pai se apressou em ir nos fazer uma visita. Ele encontrou-me ainda muito impressionada e desejosa de aproveitar a sua companhia para voltar a Piracicaba. Mas, procurou me tranquilizar e convencer-me de que não havia mais perigo; fez-me ver que por vários motivos o seu genro não poderia se ausentar da fazenda, sobretudo naquela ocasião em que estava iniciando a vida, sendo a sua presença indispensável para manter ali a ordem e o respeito. Acabei aceitando os conselhos de meu pai e conseguindo dominar os meus nervos.

Ele era muito resoluto, nunca adiava as suas viagens, sabia resistir às despedidas e ocultar as emoções da separação. Não se demorava muito tempo longe de minha mãe e foi apenas duas vezes nos visitar sem a sua companhia.

Senti um pesar muito grande vendo o meu pai partir e foi com um esforço supremo que procurei me conformar, pois sentia-me como que abandonada tão longe da família, pensando nos três anos que devíamos ficar ali conforme Antoninho havia me prometido antes de deixarmos Piracicaba.

Aos poucos fui me conformando, recobrando a coragem e adquirindo mais confiança.

Antoninho era muito prudente para tratar com os colonos, empreiteiros e camaradas. Pontual nos pagamentos e nos contratos que fazia com eles.

Eu tinha que forçosamente depositar-lhe toda a minha confiança, e tocar o barco para a frente sem olhar para trás. Assim o fiz, me dedicando cada vez mais e, empregando todo o meu tempo nos trabalhos de casa. Assim, formei uma horta na beira do córrego que passava no terreno da casinha. Ali semeei logo as sementes de frutas que tinha levado da chácara de meus pais para formar o meu primeiro pomar. Por tudo, em volta da casa plantei mudas grandes de amoreiras para alegrar e para termos uma sombra agradável, pois não me conformava com o terreno tão despido de árvores.

Os vizinhos caboclos me deram mudas de bananeiras para começar, assim como galhos de figos que produziram logo. Desse modo, em menos de dois anos já colhíamos os primeiros cachos de banana, assim como figos, mamões, abacaxis e além das frutas tínhamos muita cana doce e macia para chupar. Ao mesmo tempo iniciei a criação de galinhas, patos e até gansos. Estes não deixavam as cobras se aproximarem do terreno sem darem o alarme.

Outra criação que conseguimos fazer aumentar com facilidade foram os carneiros, as suas lãs aproveitávamos para os travesseiros enquanto não tínhamos painas nem marcela. Cedíamos também as lãs a sitiantes mineiros, moradores perto do campo, eles tinham teares, faziam cobertores muito quentes e de grande duração.

Chegamos a ter mais de quarenta cabeças de carneiro, dentre esses, escolhemos três a quatro juntas para puxarem um trolinho que mandamos o carpinteiro Paulino Conceição fazer, para as crianças passearem pelas estradas perto de casa. Um deles era bem preto e chamava Menelik, o outro era branco e manteúdo chamava-se Completo, este no fim de algum tempo ficou tão valente que investia contra as pessoas e até contra os bois de carro dando-lhes cabeçadas que retiniam.

Esse trolinho que mandamos fazer para as crianças, era muito interessante. Chegamos a tirar uma fotografia, a qual eu senti muito de desaparecer dos meus guardados. Era a primeira que tirávamos na fazenda. Os colonos queriam mandar as suas lembranças para a Itália, e conseguiram levar um fotógrafo até lá, nessa ocasião foi que aproveitamos tirar aquele retrato onde apareciam sentados no trolinho os nossos dois primeiros filhos.

O Bepi Cavalari empunhando uma vara, na frente e o Julio irmão do João Carneiro de um lado contendo os carneiros e segurando as rodas do trolinho para que este não tombasse. Naquela fotografia eu aparecia de pé atrás do trolinho, carregando o meu filho (falecido) que contava com uns quatro a cinco meses de idade, do meu lado estava Antoninho e mais o compadre Maneco Português com a minha afilhada Rita, em seus braços.

Paulino Conceição foi o nosso primeiro carpinteiro na fazenda, e o mais habilitado de todos. Tomava conta da serraria e da máquina de beneficiar café. Nos intervalos ainda consertava os carroções e carroças. Ele com mais dois irmãos, Chico e Alfredo, foram os que fizeram todas as casas da colônia. Este último pereceu num desastre na nossa antiga máquina de beneficiar café.

Os três irmãos Conceição prestaram muito bons serviços na fazenda. A serra não parava de trabalhar, as casas iam aumentando sempre na colônia, além das tulhas de café e reformas na casa de morada que era muito pequena, fizeram uma varandinha na frente dela, e para torná-la bonita colocaram os lambrequins acompanhando o jeito do seu telhado, como vê-se pelos retratos antigos da casinha velha.

Esses carpinteiros, principalmente o Paulino, entendiam muito de marcenaria. Nos fez uma cômoda grande de madeira leve, onde eu guardava as roupas das crianças, e de um lado da mesma ele adaptou um pequeno armário com chave, onde eu conservava os meus medicamentos.

Quando fomos de mudança para a fazenda, só levamos, de móveis, um armário de louça, um guarda-comida e uma pequena *étagère*. Guardamos as roupas da casa em caixas de madeira e em canastras, nos servíamos também de cabides pregados na parede (feitos pelos carpinteiros).

Dessa forma nos remediamos durante todos os anos que moramos na casa velha.

Na casinha tínhamos um fogão de chapa comprida, assentado num canto escuro da parede, onde fazíamos também a comida dos camaradas. O Joaquim Olímpio e João Carneiro levavam a comida na roça, e somente nos dias de chuva é que vinham comer em casa. Esses dois moleques foram criados pela família do meu sogro em Piracicaba, foram levados ainda pequenos para Lençóis, quando os meus cunhados José Cândido e o Quim foram tomar posse das terras do Engenho, e começar a plantar café. Tanto Joaquim como o João prestaram-lhes bons serviços, e depois continuaram morando sempre conosco ali no Engenho; eram muito bons troleiros e o João desde aquele tempo já mostrava grande inclinação para guiar o carro de boi, até que tornou-se o mais célebre carreiro do nosso bairro. Os meus cunhados não conseguiram plantar mais que, alguns poucos mil pés de café, devido às dificuldades que encontravam em arranjar bons empreiteiros. Não havia colonos nem camaradas, e os que Antoninho mandava de Piracicaba, não se acostumavam por ser muito longe, e muitos fugiam deixando dívidas na fazenda.

Na ocasião que fomos para lá, o meu cunhado José Cândido já tinha se separado da sociedade da fazenda do Engenho, ficando-se com a parte do Brejão (era o antigo nome da fazenda Perobal) e com uma parte dos cafés ali existentes.

O Quim continuou conosco até a data em que os portugueses formaram os cafezais que ainda hoje conservam o nome dos empreiteiros (Café do Português). Nesse tempo o Quim nos vendeu a sua parte e retirou-se para Piracicaba. Já antes de vendê-la, ele morava a maior parte do tempo na fazenda do meu sogro, onde depois passou a administrá-la.

O Acácio sobrinho de Antoninho morou conosco alguns anos no Engenho. Comprou de um vizinho nosso uns cinquenta alqueires de terras que mais tarde também os vendeu.

Em 1898 quando completou um ano e três meses que chegamos na fazenda, nasceu o nosso segundo filho. Tínhamos mandado o Thiago irmão de Joaquim Olímpio, que era o nosso pedreiro, fazer um quarto maior que foi inaugurado com o nascimento do nosso filho, por sinal que as paredes ainda estavam úmidas, tanto que num dos cantos, bem no alto, nasceu um pé de milho, e da minha cama eu assistia o seu crescimento, que atingiu a um palmo de altura.

Nesse mesmo quarto nasceram mais quatro filhos e foram criados todos, bem juntinhos de nós; ele só tinha duas janelas que davam para o lado do paiol, e na frente delas plantei dois pés de araticum trazidos do mato, e neles eu amarrava os chifres das vacas para tirar-lhes o leite. Eram mansas, mas eu preferia amarrá-las. E, isso eu fazia quando o camarada falhava por doente, e porque eu gostava de trazer o leite bem cedo às crianças que acordavam com fome.

Esse quarto era bem grande, mas as duas janelas só tinham as folhas de madeira, e então quando o carpinteiro fez o forro do mesmo quarto, mandei que deixasse nele, algumas tábuas soltas. Eram de madeira leve compridas e largas de modo que facilmente e com o auxílio do cabo de uma vassoura, eu as afastava durante a noite, graduando assim a temperatura do quarto. Acontecia às vezes do tempo mudar, e nos surpreender com esborrifos de chuva sobre nossas cabeças e amanhecíamos espirrando.

Assim vivemos aqueles anos na casa velha, a qual não oferecia a menor segurança, além do quê, colocada na beira de uma estrada aberta e franca por onde transitavam naquela época, em demanda de outros sertões mais longínquos como o Salto Grande do Avanhandava, Espírito Santo do Turvo, rio do Peixe, transitavam por ali rente da nossa casa, os célebres e temíveis facínoras João Modesto e Dioguinho, que eram o terror da nossa zona. Eles faziam suas aparições de surpresa, e geralmente nas vendas ao lado das estradas, onde provocavam conflitos e mortes, obrigando a todo o mundo a andar armado de garrucha e de revólveres.

Nós tínhamos em casa uma carabina para nos defender em caso de perigo, mas, graças a Deus não fomos importunados por eles. O Dioguinho se aproximou uma vez, porém numa venda do nosso vizinho Bento Alexandrino de Góes Maciel. Contaram-nos que o bandido estava esse dia, de boa veia, que entrara na venda dando pancadas com o seu relho no balcão, pedindo como de costume, com arrogância que lhe servisse uma bebida "senão, senão", de um lado estava um pau-d'água, e querendo bancar valentão perguntou-lhe "senão o quê?" e o Dioguinho respondeu-lhe com ironia "senão não bebo", e atirando o copo sobre o balcão retirou-se apressado, deu um salto sobre o seu animal esporeando-o e sumiu do povoado temendo ser perseguido. Viviam escondidos nas zonas entre Jaú, Campos Sales, Banharão, Barra Bonita e Pederneiras. Conheciam todas as estradas e desvios, andavam até por dentro das matas para não serem encontrados. Muitas vezes abusavam porque naquele tempo não havia policiamento.

Nesse tempo o jornal O *Estado de S. Paulo*, o qual já assinávamos, trazia notícias de crimes passionais, como aquela do Miguel Traad que muito nos impressionou lá na roça. Outro que, em Campinas tendo chegado um senhor chefe de família de Minas para depositar uma garantia grande num banco, havia sido assassinado pelo banqueiro e enterrado no quintal de sua casa dentro de uma privada, onde foi encontrado, conservando no bolso o seu relógio indicando a hora do crime.

Outro crime cometido num lugar sertanejo onde mataram a velhinha para roubar-lhe o dinheiro que tinha guardado, escondido, dentro do colchão. Esses crimes me deixam apavorada naquela distância onde tudo me parecia que havia de acontecer, e não tinha confiança na segurança da nossa casa.

O antigo proprietário das terras do Engenho, o capitão João Antônio Damaceno e Souza, era também daqueles que não se utilizavam dos caminhos, das estradas, ele penetrava por dentro da mata rumando para onde bem entendia, acompanhado de um negro velho. Em nosso bairro diziam que ele era lobisomem e que era um homem errante surgindo de repente onde menos e quando menos o esperavam. Conheci-o de um modo bem estranho, foi assim: uma manhã, ao abrir a porta e janelas de minha casinha velha, vi se aproximando dela, dois vultos esquisitos, velhos e um tanto arcados sobre os seus animais. Um deles chegou bem perto da minha varandinha e pondo-se de pé sobre os estribos, levantou para cima os braços, e naquela atitude pronunciou o seguinte discurso: "Meus irmãos, plantai batatas, plantai bananas, plantai favas, colhei batatas, colhei bananas, colhei favas", depois do quê sentou-se de novo sobre os arreios, me deu um bom-dia e pediu depressa uma xícara de café, antes que eu fechasse de novo a casa, porque tive receio que fosse um maluco ou bêbado. Satisfeitos com o café, desapareceram do meu terreiro. Com certeza vinham de muito longe, e raramente pelo caminho encontravam quem lhes servisse em vez de chás de ervas, uma xícara de café. E logo que se retiraram, os camaradas vieram me contar que aquele velho era o capitão João Antônio Damaceno e Souza. O mesmo que alguns anos atrás, o meu sogro conhecera e comprara dele as terras do Engenho, fazendo-lhe o pagamento em libras ouro (vinte e quatro contos) dinheiro esse apurado na praça de Santos, e na falta de dinheiro em papel, numa das ocasiões que por lá se dirigiu, levando café de sua fazenda em Piracicaba, sobre o lombo de burros para vender.

O capitão João Antônio já havia entregado parte de suas esplêndidas matas, com plantações de cana e de milho, deixando depois criar capoeiras, abandonando-as.

Do seu primitivo engenho de cana, apenas encontramos algumas peças desmanteladas, dois ou três tachos, ou, caldeiras enormes onde ferviam a garapa de cana. Estes, aproveitei-os durante todo o tempo em que morei na casa velha, utilizando-me deles para fazer grandes tachadas de sabão de cinza, assim como também grande quantidade de melado e rapaduras. Para isso plantamos canaviais perto de casa, inclusive a caninha mimosa trazida de Piracicaba, da chácara de meus pais, e compramos um engenhozinho Itamati, de uma firma de São Paulo, por intermédio de um seu representante. Esse engenho ainda existe confirmando o nome que o capitão deu à fazenda. Essas mudas que levamos ainda de Piracicaba, da chácara de meus pais, foram plantadas num grande cercado que fizemos para ter outras plantações como mandiocas, ararutas, carás, bananeiras e abacaxis, mangas, mangaritos, milho de pipocas, etc. Uma vez encontrei entre as ruas dos abacaxis, uma velha cascavel. Ela tinha engolido uma caça qualquer, estava dormindo estirada de comprido no chão. Aproveitei para fazê-la entrar dentro de um caixotinho próprio e com o auxílio de uma vara de pescar. Foi uma das primeiras cobras venenosas que mandamos para o Butantan em São Paulo. De lá nos mandavam de volta os caixotinhos, nos forneceram também um laçador que nos facilitou muito para fazermos aquelas caçadas perigosas. Era um trabalho que compensava porque o Butantan nos mandava um tubo de sérum por cada cobra venenosa, e uma seringa completa por cada seis cobras.

Tivemos muita sorte na fazenda onde encontramos cobras por todos os lados, e ninguém foi picado por elas, apenas um caboclo, nosso compadre, o Joanico pai do Lazinho, que levado por curiosidade, não se conteve, resvalou com os dedos pela janelinha de arame de um dos caixotinhos onde estavam presas duas cascavéis, e no mesmo instante uma delas deu-lhe um bote arranhando de leve a pele dos dedos da mão, e foi o quanto bastou para que o compadre Joanico se julgasse envenenado. Aplicamos-lhe imediatamente a injeção do sérum, ficando de repouso durante muitos dias apesar de não ter apresentado nenhum sintoma de envenenamento.

No cercado dos animais, rente do rego d'água encontramos um dia, uma jararacuçu magnetizando uma perua que piava e dava pulos para cima sem mudar de lugar. Essa cobra deu trabalho para laçar, estava furiosa, e depois de presa no laçador, dava botes em si própria. Isso porque entrou um peru de mais no laço, dando assim margem para golpear-se com seus próprios dentes.

E não eram só as cobras que vinham do mato naquele tempo que fomos para a fazenda, que procuravam a nossa casa, até as caças vinham se abeirar do nosso terreiro, diziam-nos que era por causa do sal que dávamos aos animais.

Todas as tardinhas ouvíamos a cantoria dos urus que vinham empoleirar na beira do ribeirão, perto da casa onde a mata era cerrada e onde havia muita caça de penas.

Quando ameaçava chuva ouvíamos o canto das saracuras na beira d'água, assim como o dos sapos-jururus e as marteladas das rãs no brejo. Por cima do telhado as corujas e curiangos fazendo coro com os demais bichanos, era uma orquestra estranha, monótona que se prolongava até altas horas da noite, à qual nem sempre tínhamos tempo de prestar atenção, pois éramos vencidos muito cedo pela canseira e pelo sono, a não ser durante as noites que ficávamos acordados pondo em dia os livros de escrituração da fazenda. Eu ajudava ditando e muitas vezes escrevendo, apesar do receio que tinha de errar, de atrapalhar, pois quase nada entendia de escrituração e a luz de querosene era fraca e fumacenta. Mas, Antoninho se queixava de muitas dores de cabeça e por isso eu queria dar-lhe um ajutório. Esses livros ainda devem existir no meio das velharias guardadas no porão da nossa atual casa da fazenda. Nos meses de colheita, eu ia também no terreiro ajudá-lo a receber o café que vinha da roça para desocupar logo os carroceiros pois o cafezal era longe e os dias muito curtos. E, quando ameaçava chuva, e que o café era logo amontoado, eu ajudava a varrer ao redor dos montes. Esses serviços não sacrificavam outros de dentro da casa, nem a vigilância sobre os filhos porque me acompanhavam e ficavam brincando ao meu lado no terreiro.

Mas, apreciava muito mais os trabalhos que me davam as minhas plantas, e, com elas despendi grande parte de minhas energias durante todos os anos que morei na fazenda e onde procurei sempre reunir o útil ao agradável. Assim eu tinha não só frutas, verduras, como também, flores e árvores de embelezamento. Nos primeiros anos, contava somente com as minhas forças e boa vontade. Lutei muito para conseguir os meus primeiros pés de laranjeiras por causa das formigas-saúvas, e para consegui-los, foi preciso mandar fazer um estaleiro dentro do rego d'água, e ali as mudinhas iam crescendo até o ponto de irem para as covas, e já mais resistentes. Mesmo assim eu procurava todos os meios de protegê-los das saúvas, com os artifícios ao meu alcance e não confiava a ninguém esse trabalho. Quantas vezes de noite, embora cansada, pegava no meu lampiãozinho de querosene, atravessava o rego d'água e ia com feixes de sapé ou de palha de milho sapecar aquele exército interminável de formigas que marchavam de cabeça erguida carregando as folhinhas cheirosas das minhas futuras laranjeiras. Porém mais teimosa ainda fui eu, que não me conformando em perder aquelas sementes preciosas trazidas da chácara de meus pais. Eram todas, sementes de frutas muito boas e doces, como eu gostava. De modo que assim consegui vencer e ter em pouco tempo, muita fartura de frutas para o nosso gasto e para repartir com os vizinhos.

    Naquele tempo não existia o açude. Em seu lugar era um extenso brejo que recebia a nossa água do Corvo Branco e mais dois riachos que vinham do lado do Joaquim Leme, desciam e se encontravam formando um ribeirão correntoso principalmente nos dias de chuva, indo cair num salto abaixo da serraria na divisa do mangueirão da colônia com o nosso pasto. Porém a água que movia a serraria e máquina de beneficiar café era a do Corvo Branco, o qual nascia no campo de Lençóis e quando chegava no sítio do Evaristo (hoje dos Valezas) corria já como um ribeirão e vinha margeando o nosso mato do tanque até o lugar onde havia uma ponte que nos dava acesso ao pasto do Verde e ao caminho para Lençóis, Agudos e Bauru. Essa mesma ponte servia de represa àquela água que por meio de rego fundo em alguns lugares, e espraiado noutros, passando pelo nosso terreiro, ia cair numa grande bica de madeira e depois na roda.

A conservação do rego d'água era-nos muito dispendiosa devido a sua grande extensão e aos transbordamentos nos tempos das chuvas.

Nossa estrada primitiva para o campo de Lençóis era pelo sítio do Evaristo. Nesse campo íamos com as crianças para colherem as gabirobas, cajus, pitangas e mais outras frutinhas. Íamos sempre de trole procurando a sombra de uma árvore bem copada e, ali estendíamos as almofadas do trole no chão onde as crianças ficavam bem acompanhadas, nos esperando com os aventais e chapéus de palha, cheios de gabirobas que trazíamos para escolherem à vontade. Não deixávamos que as crianças se espalhassem como nós pelo campo, não só pelo receio de serem picadas por cobras como por aranhas venenosas. Nós nos protegíamos com botas e polainas. Às vezes topávamos com uma manada de gado arisco mas não passava do susto. Era o passeio que fazíamos todos os anos no tempo das frutas e que todos apreciavam muito. Fora disso, durante o ano fazíamos algumas visitas em casa dos vizinhos.

Esses pequenos passeios, faziam parte da nossa alegria e felicidade. Eram todos companheiros de luta, uns sofrendo mais, outros menos, alguns bem mais velhos do que nós e com menos saúde, e assim íamos aprendendo a ter paciência e resignação, voltando para nossa casinha velha, com o ânimo mais forte achando tudo muito bom e até bonito.

Foi como vivemos os nossos primeiros anos de luta, sem outra compensação, sem a principal que era a remuneração dos nossos esforços e trabalhos.

O café começava a produzir mas o preço não correspondia, não dava para fazer face às despesas da fazenda, nem para amortizar os juros das dívidas que iam aumentando cada vez mais.

Os colonos por sua vez, reclamavam por cafés novos para poderem encher de plantações como milho, arroz, feijão, não se conformando muito em plantar fora dos cafezais em terras pedregosas e em outras acidentadas. De modo que, de quatro em quatro anos éramos forçados a aumentar os cafezais, para não perdermos os nossos bons colonos, que eram muitas vezes seduzidos por outros fazendeiros que lhes ofereciam maiores vantagens.

De sorte que, quanto mais plantávamos, mais cresciam as despesas. O café levava quatro a cinco anos para produzir a primeira safra. A secagem do café por sua vez era dispendiosa. Não tínhamos moagem nem lavadores. Os cafés eram levados à mão para um cocho de madeira colocado na beira do rego d'água para facilitar.

Daquele cocho eram retirados por meio de peneiras grossas, de arame, postos em jacás de taquara e transportados em pequenos carrinhos puxados à mão, para serem depois distribuídos nos terreiros. Estes eram de terra, e quando chovia dias seguidos, os cafés emboloravam nos terreiros ficando prejudicados na qualidade, e muitas vezes com as chuvas torrenciais eram arrastados para dentro do rego d'água, dando um grande trabalho para salvá-los, era preciso que os camaradas entrassem na água com as peneiras para caçar o café e ir amontoando-os nas beiras dos barrancos. A face do terreiro também era desfavorável à secagem do café, pois muito cedo o sol se escondia por detrás da mata.

E, assim, à medida que o tempo passava, com ele ia se desvanecendo a esperança que tínhamos de voltar para Piracicaba. E, por mais de uma vez chegamos a nos desanimar, tendo Antoninho escrito ao seu tio e credor, o Nhozinho das Palmeiras, expondo-lhe a nossa situação difícil, e a resolução de entregarmos a fazenda, impressionados com as despesas, e nada de lucros. Ele porém respondeu aconselhando-nos a que tivéssemos confiança no futuro do café, procurando assim nos encorajar.

Continuamos na luta, tendo o preço reagido um pouco, mas nesse meio de tempo, aconteceu que o nosso credor veio a falecer! Antoninho ficou muito chocado com a morte do tio e padrinho. Lembramo-nos imediatamente de escrever ao meu mano Juca que era genro do falecido Nhozinho, pedindo que chamasse a si a nossa dívida, pois tínhamos sério receio que, no inventário, a nossa dívida fosse cair em mãos estranhas, de outros herdeiros que não nos conheciam e que portanto não teriam para conosco nenhuma condescendência. O mano Juca foi muito pronto a nos atender, e com a sua palavra nos aliviou de grande peso. E, mais tarde, ainda o mano fez muito mais por nós. Vendo que a nossa dívida era grande, e que já tínhamos lhe manifestado o receio de não poder continuar, chegando mesmo a dizer-lhe que achávamos melhor que ele recebesse a nossa fazenda, o mano Juca prontificou-se espontaneamente a nos conceder maior prazo e ainda diminuição de juros. Esse ato tão generoso do mano, muito nos encheu de coragem e de confiança para o futuro. Ele conhecia os nossos esforços e os sacrifícios que já tínhamos despendido até aquela data, já tinha ido nos visitar e batizar um de nossos filhos, e por sua vez também teve confiança em nós. Disse-nos nessa ocasião que jamais trocaria a vida feliz que gozava em Piracicaba onde ele possuía uma fazenda muito do seu gosto, com vizinhos muito bons e amigos, com os quais se divertia em caçadas e pescarias porque a sua fazenda era margeando o rio Piracicaba. Na cidade ele tinha uma boa casa e prestava assistência carinhosa aos nossos pais, e com a facilidade de dar educação aos seus filhos. Enfim que de forma alguma ele trocaria aquela sua vida feliz, pela vida trabalhosa e sacrificada do sertão.

Mais tarde, porém, ele se convenceu da fertilidade das terras daquela zona e teve a oportunidade de encontrar uma fazenda como ele gostava e perto do rio Tietê, vindo então ficar nosso vizinho, e nessa ocasião fizemos-lhe o pagamento do restante da nossa dívida, e para isso o meu tio José Ferraz de Camargo nos emprestou o dinheiro, e ficou sendo então, desde essa data, o nosso vivo credor por mais alguns anos.

Poderíamos ter ficado independentes em menos tempo, mas atrasaram-nos os contratempos que sofremos com dois incêndios nas tulhas de café e também com a grande geada de 1918. Mas tínhamos confiança na fertilidade das nossas terras e na quantidade enorme de cafezais que já tínhamos plantado, cuja produção crescia sempre. Esperávamos portanto alcançar muito em breve a nossa independência final. Até ali já tínhamos sido bastante experimentados com os trabalhos, privações e perigos que arriscamos em contato com um pessoal ignorante e rude que não vacilava em provocar desordens e conflitos como aquele colono espanhol que não respeitou nem a nossa própria casa. Muitas vezes fiquei sozinha com as crianças na fazenda pois Antoninho era obrigado a fazer viagens para Santos a fim de reclamar pessoalmente aos comissários, as irregularidades nas vendas dos nossos cafés. Viajava para Piracicaba onde tinha também negócios a tratar, e além dessas viagens forçadas, ia a Agudos servir nos jurados, onde ficava às vezes por dois ou três dias sem voltar para a casa. E nem sempre, nessas ocasiões, eu tinha empregados de confiança assistindo em casa.

Nem todos os fiscais tinham a devida prudência para tratar os camaradas e empreiteiros, tendo acontecido por várias vezes, de promoverem desordens e conflitos na ausência do patrão, e no próprio terreiro da fazenda. Geralmente isso se dava nos dias feriados e de domingo, durante os quais se achavam com o direito de abusar do álcool. Por diversas vezes tive que intervir, procurando apaziguá-los, e a evitar brigas, como uma vez ia se dando com o Maneco Silveira Bueno, irmão do Elias, o qual, estando no terreiro com uma turma de camaradas, dirigindo o serviço, um deles desatendeu-o com palavras pesadas. O Maneco que era exaltado e valente, tentou dar-lhe umas ralhadas, mas o camarada fugiu e tomou a direção da sua casa que era logo adiante da porteira do terreiro da fazenda.

Da varandinha da minha casa velha, assisti o barulho e fiquei observando, com receio que ele tivesse ido se armar e que voltasse para uma desforra. Não me enganei, dali a poucos instantes, avistei-o que vinha a passos largos, seguindo-o logo atrás, a sua velha mãe, que chorava e gesticulava, pedindo ao filho que voltasse para a casa. A essa altura eu já me achava rente da porteira, para impedi-lo que entrasse e fosse de encontro ao Maneco, e enquanto procurava aconselhá-lo a obedecer a sua mãe, chegaram alguns camaradas para desarmá-lo, fazendo-o voltar para a sua casa.

Esse mesmo camarada que se chamava João Veronez, depois dessa tentativa, cometeu um assassinato na povoação, matando um negociante pacato e bom, que os abastecia na fazenda. Chamava-se Francisco Oliva.

Entretanto o pai do Veronez, era um bom homem, bom colono, deixando como lembrança na fazenda um talhão de cafezais com o seu nome.

O filho porém, depois de alguns anos de prisão, veio a falecer na própria cadeia.

Da outra vez que precisei intervir, foi com um carroceiro austríaco, vermelho e possante, o qual, encontrei um dia, perto de casa, atarracado e desafiando um velho fiscal, chamado Benedito, e ouvi quando o carroceiro, visivelmente tocado lhe dizia "A sua sorte é que não tenho aqui uma garrucha". Quando me viu acovardou-se e me obedeceu indo recolher-se em seu quarto.

Nunca usei de aspereza com eles, preferia sempre aconselhá-los para que se retirassem e para que fossem para as suas casas descansar.

Só uma vez eu tive receio, com um tal nhô Chico Ribeirão que tinha fama de valentão. Era num domingo, ou num dia feriado quando o João Carneiro acabava de chegar de Porto Eliseu com o carro carregado de gêneros, e chamou nhô Chico que descansava num quarto pegado à tulha, onde deviam descarregar a mercadoria, chamou-o para ajudá-lo naquele serviço. Nhô Chico foi, mas, começou logo a derrubar no chão, os sacos que recebia, que o João lhe punha sobre os seus ombros, e tanto fez que acabou enfezando com o João. Este mandou me avisar. Eu tinha visita em casa, era o sr. Telles que me acompanhou até onde estavam os camaradas e viu quando eu disse ao nhô Chico, que estava dispensado, daquele serviço, e que se retirasse para o descanso. Mas dessa vez não fui obedecida tendo o camarada (que estava visivelmente atordoado) ao invés de se recolher, vindo em casa pedir a sua conta, queria ir-se embora da fazenda. Fiz ver-lhe que o patrão estava de viagem, e que viesse depois acertar a sua conta e receber o seu dinheiro, porém ele insistiu e me disse que iria até a colônia, e que depois voltaria para receber o dinheiro. O sr. Telles vendo que eu estava só com as crianças em casa, apressou-se em voltar para a sua fazenda, e me mandou um dos seus filhos para me fazer companhia até que Antoninho chegasse de sua viagem. Mas, felizmente o nhô Chico não apareceu. Ele não era mau, e o que estragava com os camaradas, e até mesmo com alguns de meus colonos, era a bebida, eles não passavam sem um garrafão de pinga. Até cozinheiras, tivemos uma que se embebedava, e escondia a garrafa de pinga dentro de uma cesta grande onde guardávamos as penas das aves, num canto da cozinha.

    Eu tinha sempre muito receio quando Antoninho viajava, mesmo que deixasse em casa um empregado. Eu nunca tinha empunhado uma carabina, mas levava-a para o meu quarto todas as noites e punha-a encostada perto de minha cama. Tínhamos uma turma respeitável de cachorros corredores de caças e um perdigueiro que levamos de Piracicaba, o Guarani. Este tinha um latido que fazia medo, era um excelente guarda e os outros também, e o mais feroz deles era o Boca Negra; tivemos um paqueirinho chamado Despique que latia tanto e ainda mais que os grandes. Esse cãozinho ia sozinho no mato caçar pacas, e um dia uma paca se escondeu dentro de um buraco de tatu, o Despique entrou em sua perseguição, mas, jogou com as patas tanta terra para trás, que não pôde mais sair do buraco, morrendo asfixiado.

    Além desses bons guardas, fazíamos dormir perto da casa dois ou três camaradas de confiança.

    Frequentemente chegavam na fazenda tropeiros pedindo pouso e descanso para a sua tropa em nossas pastagens. Deles comprávamos muitos animais para uso da fazenda, para puxar as carroças e os carrações, e também animais de sela. De noite os tropeiros já conhecidos, vinham em casa tomar uma canequinha de café com bolo de fubá. Os meninos gostavam muito de ouvir as prosas deles e histórias que contavam dos lugares onde vinham. Chegados de muito longe, tinham sempre o que contar, dos bichos que encontravam pelas estradas, onças, tamanduás, etc.

Era para nós uma distração quando eles chegavam e armavam o barraco no meio do pasto, perto da tropa. Traziam muitos burros xucros, e um peão para domá-los, e assim que montava, saíam desembestados dando corcovos e coices. Tal como vê-se hoje nos cinemas. Alguns camaradas da fazenda, depois que os tropeiros se retiravam, iam se arriscar a fazer o mesmo que o peão, mas já de saída rolavam ao chão de cabeça para baixo. O Joaquim Olímpio era o mais atirado de todos, um dia montou num dos burros candongueiros, dos que puxavam o carroção, deu dois ou três corcovos e foi de ponta-cabeça no chão duro, e ficou com tanta raiva do burro que não sossegou enquanto não deu-lhe uma dentada no focinho.

Não eram só os tropeiros que passavam pela fazenda e que nos distraíam. Chegavam ali frequentemente viajantes que iam ou que vinham de lugares diferentes. Muitos em demanda dos sertões do Salto Grande do Avanhandava, do rio do Peixe, Espírito Santo do Turvo, etc. Dentre eles apareceu um dia pedindo pouso, um cavaleiro vindo de longe. Era o dr. Betim Paes Leme. Era um senhor de meia-idade, baixo, moreno, magro, de fino trato. Tendo nos encontrado atrapalhados e desapontados com uma invasão de pulgas, procurou a nos ensinar um meio de nos vermos livres delas. Perguntou-nos se tínhamos carneiros, que os prendêssemos durante uma noite dentro de casa e disse-nos que as pulgas atraídas pelo calor da lã subiriam todas nos carneiros e não poderiam mais sair deles devido à graxa das lãs.

E assim garantiu-nos que ficaríamos livres delas por muito tempo.

Já no dia seguinte, após a retirada do nosso bondoso hóspede estudamos o meio mais fácil de fazê-los entrar dentro de casa porque eram ariscos, mas doidinhos pelas espigas de milho, subiram os três degraus da escada, entraram numa varandinha e depois se assenhorearam da casa.

E para que pudessem percorrê-la livremente durante a noite, deixamos abertas as portas dos quartos e fomos nos acomodar sem ligar importância aos seus tropéis sobre os assoalhos. De modo que, assim visitavam a casa toda deixando por tudo os seus inevitáveis vestígios, e não levaram consigo as pulgas.

No dia seguinte foi preciso chamar dois camaradas para raspar com enxadas os assoalhos que eram feitos de pranchões e de castanheiras refugas, cheias de rachaduras e de frestas, tornando-se difícil a sua limpeza, e por ali escoava toda a água antes de completar o serviço, com o grave inconveniente de ficar empoçada debaixo da casa.

Enquanto isso o nosso bondoso hóspede tocando na estrada o seu cavalinho rumo a São Paulo dos Agudos, pensava com certeza no benefício que procurara nos fazer com a sua receita.

    Esse mesmo senhor nos contara ainda na mesma ocasião, que, tendo perdido um filho moço, este lhe aparecera uma noite conversando com ele, sentado ao pé de sua cama. Não duvidamos de suas palavras e nem ficamos impressionados, pois nos parecera ser um senhor inteligente e instruído.

    Já tínhamos ouvido contar de um caso idêntico, contado por uma vizinha que havia perdido na mesma ocasião, o seu filho primogênito.

    Voltando ao primeiro assunto, os nossos vizinhos sitiantes, por sua vez gostavam de nos ensinar os seus remédios, e a maneira de aplicá-los. Quase todos de fundo supersticioso e alguns até cômicos como este: a cura da urticária, conhecida por eles cobreiro brabo, diziam-nos que, curavam da seguinte maneira: chegando à casa da doente escolhiam nela um ponto de partida para darem três voltas ao redor da mesma, levando consigo, um machado, dando com ele uma pancada no chão, no final de cada volta, e dizendo ao mesmo tempo "Cobreiro brabo, eu te corto a cabeça e o rabo" e, se convenciam da cura. E, como estas, muitas outras receitas.

    Quando uma criança adoecia na colônia, surgia logo uma velhinha benzedeira do bairro para tirar-lhe o quebranto. E o mesmo faziam para com as criações.

Outros acalmavam os tufões e tempestades enfrentando-os no terreiro com suas rezas.

Em geral os caboclos nossos vizinhos daquele tempo, o quanto tinham de simples, tinham de leais e bondosos. Nunca vinham à nossa casa sem trazer-nos na garupa um picuá cheio de presentes, como dúzias de ovos, frutas, queijos, mel de abelhas, etc. Muitas vezes eram convidados a tomar conosco as refeições, e não se atrapalhavam. Quando cabia-lhes um pedaço mais duro de carne, arrancavam o facão da cintura, servindo-se com ele à vontade na mesa.

Quando lhes oferecíamos o molho, serviam-se do mesmo no próprio prato, passando-o em seguida ao vizinho. O palito depois de servido, voltava ocupar o seu lugar no paliteiro, faziam tudo com a maior naturalidade.

Vinham em casa sempre aos domingos e dias santos, e muitas vezes aproveitando propor pequenos negócios, empreitadas, barganhas, etc. e também para consultar com o "nhô Tonico", pedir a sua opinião sobre seus problemas particulares, voltando contentes e confiantes para as suas casas ou taperas, montados em eguinhas acompanhadas dos seus potrinhos, ou em cavalos peludos e trotões levando ao ombro uma espingardinha pica-pau e um samburá a tiracolo, para nele recolherem os passarinhos que iam sapecando pelos caminhos. Era uma gente boa e feliz.

Nossa casa era muito pequena e pobre, mas à medida que os filhos iam aumentando, a casinha também ia crescendo, se esparramando de todos os lados. Tinha paredes de todo o feitio, sendo de barrote com casca de palmito a sua parte primitiva, paredes de tijolos e o resto, que era justamente a maior parte, de tábuas. Os assoalhos eram feitos de pranchões refugos que vinham da serraria, e no fim de alguns anos tivemos acomodações para receber os amigos que vinham passar temporadas conosco na fazenda. E dentre os mais antigos eram eles, compadre Felipe, sr. Joãozinho de Toledo (o Vovô), d. Marianinha e o sr. Ernesto, todos já falecidos.

Esses amigos nos deixavam as mais gratas e saudosas recordações de sua passagem na intimidade de nossas famílias. Eram muito carinhosos e admiradores dos nossos filhos. O sr. Joãozinho passou logo a ser chamado em nossa casa, por Vovô Toledo. Vivia sempre cercado pelas crianças, apreciando as suas artes e travessuras, atendendo com paciência as suas ingênuas e mil perguntas! Um dia uma das crianças passando a mão sobre a sua cabeça calva, perguntou-lhe condoída: "Quem foi Vovô, que depenou a sua cabecinha?". Ele achou tanta graça que não se cansava de repetir e de contar a todos aquela pergunta que ele talvez nunca esperasse.

Com o seu mano Ernesto também deu-se uma passagem engraçada naquele tempo. O Vovô Toledo era caçador, porém o sr. Ernesto nunca tinha pegado em armas de fogo na fazenda. Um dia, porém, ele cismou com o bando de macacos que andavam frequentando a nossa ceva, no mato do caminho que íamos à fazenda do sr. Telles, perto mesmo de casa. Sr. Ernesto com geral espanto foi subindo o morro com uma das nossas espingardas nas costas, não olhou para trás, não viu que um dos cachorros da fazenda o seguia de longe, e o sr. Ernesto atravessou a porteira e sumiu por dentro do mato, na direção da ceva, a qual não era muito longe do caminho. E, antes ainda de chegar até a choça ele ouviu um barulho e avistou um vulto preto por entre as folhagens das matas, não teve dúvidas que fosse um dos macacos e engatilhou a espingarda, o tiro saiu ecoando pelo mato seguido dos gritos desesperados do cachorro que depois de rolar pelo chão, ficou no lugar.

Nosso camarada Joaquim Olímpio que estava na cocheira tratando dos animais, e que tinha visto o sr. Ernesto subir para o mato, e atrás dele o cachorro preto, compreendeu imediatamente que o caçador havia se enganado, e correu em casa para nos contar que o sr. Ernesto tinha morto o cachorro preto.

Daí a poucos instantes vimo-lo que descia apressadamente o morro do pasto, para nos contar muito desolado e desapontado, que tinha se enganado e morto o nosso cachorro de estimação. Procurei conformá-lo dizendo que o cachorro não era nosso, era alheio pois tinha fugido do seu dono em Lençóis, acompanhando o nosso trole até a fazenda. Disse-lhe mais que o cachorro só tinha beleza, que eu o olhava com maus olhos porque ele era muito mal-ensinado, escolhia nos dias de chuvas, as camas das crianças para se deitar, deixando-as cheias de barro, e que, além disso não respeitava na cozinha, nem as panelas em cima do fogão, destampando-as, derrubando-as no chão, e ainda me quebrava louças por cima das mesas. De modo que, com toda a franqueza e sinceridade eu lhe dizia que, involuntariamente ele tinha nos prestado um grande benefício matando o cachorro. Mas o sr. Ernesto não se convenceu achou que era por gentileza que eu lhe dizia aquelas palavras, e nunca se conformou com o seu engano fatal. E para cúmulo do azar, quando depois de algum tempo ele voltou a nos visitar na fazenda, foi recebido e reconhecido pelas crianças como sendo o "homem que matou o cachorro preto". Ele não era para sofrer tal aborrecimento, era um senhor muito bondoso e incapaz de maltratar uma criação. Era muito calmo e sossegado, pouco falava, mas com graça e espírito.

    Um dia quando montava na frente da casa para fazer um passeio, com o impulso que dera, saiu do outro lado do animal, e vendo que nos assustamos, disse-nos logo: "Não foi nada, fui eu que montei demais".

    Ele gostava de me acompanhar no pomar, onde apreciava muito as frutas e me auxiliava a trazê-las para a casa.

Ele era mais velho que o Vovô Toledo e veterano da Guerra do Paraguai.

Sentimos imensamente de perder tão bons amigos, que nos acompanharam e nos confortaram tanto nos dias felizes, como principalmente nos de atribulações com as doenças. Eles não faltavam ao nosso lado nos momentos difíceis.

D. Marianinha, esposa do Vovô Toledo, por sua vez era toda bondade e delicadeza. Tinha uma prosa muito agradável e atraente. Tocava suas antigas "mazurquinhas" no piano para nos alegrar, e com os demais membros da sua família, formava um conjunto precioso e estimado em nossa casa.

De todos esses amigos, quem primeiro desapareceu foi justamente Felipe, que era o mais moço.

Felipe gostava muito de ir passar temporadas conosco na fazenda, onde se sentia muito bem. Não tinha filhos mas apreciava muito as crianças sobretudo a nossa caçulinha que era a sua afilhada. Todas as vezes que ia nos visitar levava muitos bons e valiosos presentes às crianças. Felipe tinha uma alma sã e generosa, era alegre e muito serviçal. Logo ao chegar na fazenda, como gostava de fazer passeios a cavalo, ele ia em primeiro lugar pôr em forma os arreios de montaria que geralmente encontrava arrebentados e roídos pelos ratos, consertando-os, engraxando-os e colocando-os sobre cavaletes na mais perfeita ordem e segurança. Ele próprio gostava de arrear os animais e com Candinha, ia dar passeios longos, até o campo do Bom Jardim, de onde traziam cestinhas cheias de cajus para fazer refrescos.

Nós tínhamos sempre muitos bons animais de sela, espertos e mansos. O meu cavalo era branco, chamava-se Lírio (presente de noivado). Antoninho tinha muito gosto para escolher e comprar os animais. O Lírio era um animal de toda a confiança, nele as crianças aprenderam a montar. Tivemos outros cavalos muito bons como o Cravinho que era pequeno, vermelho, muito espertinho, tinha uma marcha repicada. O Rosilho era saino, alto, fino, cabeça pequena, espertíssimo, não admitia o chicote, nem conhecia obstáculos, pulando com a gente por cima de paus e de pequenos córregos, era preciso estar com as rédeas sempre firmes, para evitar as suas surpresas.

Parelhas de trole também tivemos duas muito boas como o Corisco e o Batalha e a outra eram dois bons cavalos libunos, que nos levavam para embarcar em Banharão.

Nunca deixamos de ter na fazenda, e muito bem tratados, uma tropa de quarenta e poucos burros que trabalhavam o ano inteiro dentro e fora da fazenda, levando os cafés nos portos de embarque. Uma vez um desses burros de carroção, foi pular sobre uma cerca feita de guarantã e estrepou-se com a lasca da madeira na virilha, acontecendo que o patrão não estava, os carroceiros não se atreviam a tocar no animal, mas eu tive coragem, mandei que o amarrassem com uma boa corda, e tirei-lhe o estrepe com uma turquesa, curando-o depois com vinagre e sal. Esse era o remédio que usavam para tudo quanto era machucaduras, e como desinfetante. No começo tínhamos muitas juntas de bois, porque o carro trabalhava muito e as estradas eram péssimas. Eram bois escolhidos e muito fortes, e sob os cuidados do João Carneiro, estavam bem garantidos. Todos tinham os seus nomes bem apropriados, batizados pelo próprio Carneiro.

Quando chegamos na fazenda pela primeira vez, encontramos lá uma eguinha preta muito sabida, a qual levava sozinha a comida dos camaradas na roça. Naquele tempo ainda não havia cercados nem porteiras, ela se guiava pelos trilhos, e voltava bem direitinha com as vasilhas até a porta da cozinha.

As estradas sempre foram para nós, durante anos, um dos problemas mais difíceis de resolver. Os vizinhos nem sempre estavam dispostos, ou podiam nos auxiliar a fazê--las, e nem mesmo a conservá-las. As viagens de trole, que fazíamos por Banharão, Campos Sales, e mesmo depois, por Iguatemi, tínhamos que passar por diversas pontes muitas vezes em ruínas, até chegarmos na balsa para atravessarmos o rio. Depois, subíamos um morro muito íngreme, úmido e cheio de pedras, onde os animais subiam com muito esforço e dificuldade, chegando a escorregar e cair, apanhando fortes relhadas para se levantar. Eram horríveis aquelas viagens, no fim das quais, chegávamos às estações para tomar o trem, cobertos de poeira ou de lama e cansados. A bagagem também chegava no mesmo estado, inclusive as célebres cestas com preciosos virados. Não havendo o vagão-restaurante, todo o mundo carregava virados em cestas.

Nas estações de baldeação, encontrávamos com o bando de cachorros na beira da linha, esperando os restos e ossos de frangos que os passageiros lhes atiravam pelas janelas do trem.

Devido a tantas dificuldades que sofríamos com as crianças quando viajávamos para longe, e sem nenhuma empregada de confiança para nos auxiliar, fomos forçados a permanecer na fazenda durante quatro anos consecutivos, e quando muito íamos a São Manuel, por motivo sempre de força maior.

Mas, em compensação, os meus pais, e irmãos não deixavam de ir visitar-nos, embora a cada dois a três anos. Porém os amigos que moravam em São Manuel, iam mais frequentemente passar temporadas conosco ali na casinha velha da fazenda. Em companhia deles, fazíamos agradáveis passeios, caçadas e pescarias. Uma delas ficou de saudosa memória: foi a pescaria que fizemos na margem do rio Tietê, no Porto Ribeiro, distante a uma légua da nossa fazenda, e em terras da fazenda Pouso Alegre que naquele tempo pertencia a um tal José da Silva. Ali fomos em caravana, levando barracas, armando-as debaixo das árvores à beira do rio. Levamos no carro de boi uma verdadeira mudança, para uma permanência de cinco dias, com carregamento de tudo desde os trens de cozinha, mantimentos, esteiras e colchões. A água e o leite, um camarada nos levava todas as manhãs, da fazenda. Escolhemos ali, um lugar alto, alegre e pitoresco, onde as crianças se entretinham sem o perigo do rio, e sem nos incomodar no pesqueiro. Elas desciam ali, raramente e debaixo de muita vigilância. Faziam parte nessa pescaria, Felipe e Candinha os quais já eram nossos compadres, minha mana Zina, o vizinho Bento Alexandrino de Góes Maciel, com sua comitiva de pescadores afamados, o nhô Chico Buara, amigo e vizinho, pescador veterano, conhecendo ali no rio, os seus melhores pontos de pesca, e com longa prática de lidar na canoa. Contratamos ainda, alguns caboclos para pilotar as canoas e nos fornecer as iscas para os anzóis grandes colocados em cordas que atravessavam de uma margem a outra do rio, era a pescaria chamada de espinhel, tinha ainda a outra de cavalinho e ainda mais uma que era, uma corda muito comprida, acompanhando a margem do rio, deixando cair na água, de quando em quando, os anzóis nela presos, iscados, porém quase à tona d'água. Todas essas armadilhas sobre o rio, davam peixes grandes. Eram trabalhosas, porém aqueles homens venciam alegres todas as dificuldades e estavam sempre prontos para o que desse e viesse com as suas canoas. Tínhamos varas de todas as grossuras e comprimentos. Todo o mundo sabia encastoar os anzóis e substituí-los quando os peixes os carregavam. E não se cuidava de outra coisa, senão pescar. Uns embarcavam em canoas levando varas, cendais, comezainas, iam procurar os canais e corredeiras ao largo do rio, outros desciam fazendo a pescaria de rodada, com varas grandes de pegar os dourados, piracanjubas e até peixe de couro. Outros procuravam os poços parados onde caçavam os enormes pacuguaçus, jurupocas, e outros diversos peixes cevados com coquinhos ou com figos.

Eu não me afastava do ceveiro não só porque o apreciava mas, como por ficar mais perto das crianças e do arranchamento que recebia as minhas ordens. Ali fritava-se e comia-se peixe fresco a toda hora. A cozinheira levou, para facilitar o seu serviço, latas de banha, de toucinho derretido. Ali reinava animação e alegria, sobretudo nas horas da boia.

Nosso compadre Felipe não pescava, preferia fazer companhia às crianças, distraindo-as debaixo da sombra das árvores onde armava-lhes redes, descascando-lhes laranjas, canas, mamões, etc. Às vezes levava-os ao ceveiro e ali ficava entretido em colocar em suas varinhas, peixinhos já pescados por outros, quase sem vida, e disfarçadamente passava-lhes as varas, certo de que, teriam a impressão de saberem pescar, quando um deles, o mais esperto, reclamou-lhe logo: "Agora Felipe, eu quero pegar um peixe bem vivo".

Assim passamos os cinco dias alegres na margem do grande rio Tietê, onde não faltou um céu sempre azul, os raios do sol, pássaros e cigarras cantando sobre as árvores desde o amanhecer até o findar do dia.

E à noite, enquanto os companheiros barulhentos em suas barracas jogavam o truco, Felipe, todo cuidadoso e previdente, espreitava de longe a nossa barraca, receoso que alguma de nós descesse na beira do rio àquela hora da noite. E não é que avistou de longe uma lanterninha se dirigindo para o lugar proibido, deu logo o sinal de alarme, e a lanterninha teimosa voltou recolhendo-se debaixo da barraca, sob pena de nunca mais tomar parte noutras pescarias. No último dia Felipe foi intimado a entrar na canoa e ir ao largo do rio, para de lá trazer a sua contribuição. E foi com tanta sorte que, ao deitar o seu anzol na água, fisgou um enorme e lindo dourado, batendo então o recorde no último dia da pescaria. Mas nem assim se entusiasmou, continuou gostando mais dos peixes no prato. E, ninguém se servia na mesa, com maior satisfação e com mais elegância que Felipe, se apresentando sempre bem penteado, com o seu bigode bem alinhado, mãos muito limpas e com a fisionomia sempre sorridente.

Mais tarde, tentamos outra pescaria, com outros amigos, em ponto diferente do rio. Eram o Vovô Toledo com o seu mano Ernesto, o dr. Luiz Silveira, e nós, inclusive uma de minhas manas. Porém dessa vez não tivemos sorte, tendo caído uma chuva torrencial, antes ainda de termos tempo de armar as barracas. De modo que nos vimos obrigados a pedir pouso a um caboclo morador ali perto, o qual nos cedeu por muito favor, um paiolzinho encostado à sua casa, e dentro da mesma, uma pequena sala para nos acomodarmos com as crianças.

    Os homens se dirigiram para o paiol onde armaram as redes e estenderam colchões sobre os montes de milho. Mas, fizeram um rebuliço tão grande no paiol onde havia ninhos de galinha choca invadidos de piolhinhos, os quais, alvoroçados, subiram pelas redes e pelos colchões em tamanha quantidade que tiveram de desistir e procurar um cantinho melhor do paiol, onde passaram a noite vestidos de capa de borracha, sentados num banquinho duro. E nós, convencidas que iríamos ficar melhor acomodadas dentro da casa do caboclo, qual não foi o nosso desaponto ao depararmos ali no chão da salinha, onde justamente deveríamos estender os colchões para repousar naquela noite, com duas cotias presas num chiqueirinho humilde e descuidado. E não tivemos outro remédio que nos conformar, pois chovia, e a casa tinha goteira por todos os lados.

    No dia seguinte, cedo, quisemos apanhar um pouco d'água limpa, mas a enxurrada invadiu o poço que era muito baixinho e mal construído. E assim desapontados com o fracasso da nossa pescaria, sem poder armar as barracas, resolvemos voltar para a casa, e, desde essa vez, não tentamos mais voltar ao rio, arriscando o tempo e arriscando o nosso conforto, as noites bem-dormidas em nossa casinha.

Desde então íamos cedo, de trole e a cavalo, levando um bom virado, passávamos o dia pescando em algum ceveiro, e à tardinha regressávamos para a fazenda. Essa era nossa maior e melhor distração.

Nessa época o Governo iniciava a construção da grande e importante ponte sobre o rio Tietê em Ayrosa Galvão, sobre a qual iria passar a estrada de ferro, com suas locomotivas pesadas, rumo à cidade de Pederneiras.

Tínhamos na ocasião, diversos amigos passando temporada na fazenda, e nos deu vontade de ir conhecer de perto aquela interessante obra de engenharia.

Organizamos então uma grande caravana, uns de trole e a maior parte a cavalo. Esses amigos que nos acompanharam nesse passeio eram todos moradores em São Manuel, eram: Vovô Toledo que, cavalgava firme e com elegância, sua filha Florizinha, da mesma forma, Lydia Prestes, meu sobrinho Joviniano Ferraz Alvim o único que não era do grupo dos de São Manuel, minha mana Augustinha, e diversas outras pessoas da vizinhança. Não me recordo, mas é bem provável que Felipe e Candinha também faziam parte da caravana. Tivemos que caminhar bastante, pois Ayrosa Galvão, é bem distante de nossa fazenda. Os cavaleiros tomavam sempre a dianteira do trole, iam todos alegres e contentes contando certos com um bom virado de frangos, ovos cozidos, etc. o qual iríamos saborear na beira do rio debaixo da sombra de uma árvore.

Ao nos aproximarmos da ponte, ouvíamos o barulho dos martelos quebrando aquelas pedras enormes reduzindo-as a diversos tamanhos e formatos, um exército de trabalhadores naquele serviço e na lapidação das mesmas. Sobre o rio, outros tantos homens e engenheiros assentando os pilares colossais, os principais sustentáculos da extensa ponte. Assistimos com curiosidade todo aquele movimento ao redor da ponte, inclusive o alojamento dos trabalhadores com suas famílias em barraquinhas alegres debaixo das árvores na margem mesma do rio, com as suas cozinhas ao ar livre parecendo uma aldeia, e, todos trabalhando com grande animação.

Depois de saciarmos a nossa curiosidade, e de darmos conta do vasto farnel, e depois de admirarmos a linda paisagem do rio, tratamos de bater a nossa retirada, tendo todos apreciado imensamente o passeio.

A uma certa altura do caminho, Florizinha Toledo, bancou a Maria Borralheira deixando cair o seu mimoso sapatinho e o meu sobrinho Joviniano que era um belo rapaz, bancou o Príncipe Encantado.

Nós aproveitamos a companhia dos amigos para nos divertir um pouco. Fora disso, nem mesmo em casa dos vizinhos era-nos permitido ir, pois só tínhamos o domingo disponível, quando não nos surpreendiam no momento de sairmos com as crianças para tomar o trole. Ora era um colono, ora um empreiteiro, ou um sitiante, procurando solucionar os seus problemas, e tínhamos que atendê-los, sacrificando muitas vezes o nosso passeio.

Naquele tempo, tivemos também ao nosso cargo e por alguns anos, a fazenda Perobal do meu cunhado José Cândido que se retirara temporariamente com a sua família para Piracicaba.

Essa administração nos deu bastantes trabalhos e preocupações, constantemente tínhamos que desviar as nossas vistas e atenção para aquele lado. Além disso o pessoal da colônia era um tanto indisciplinado, vindo por vezes em atitude ameaçadora, se postar em frente a nossa casa. Foi preciso então destacar para lá o nosso parente e empregado Elias Silveira Bueno para manter a ordem na fazenda.

Elias trabalhou bastante tempo para nós no Engenho, onde ficou conhecendo a minha irmã Zina com quem mais tarde se casou.

Mais três irmãos seus foram nossos empregados: o Antônio, Maneco e Belmiro, todos muito educados e muito trabalhadores.

Durante o tempo que moraram conosco os quatro irmãos, recebemos por mais de uma vez a visita da sua mãe

d. Bárbara e das suas irmãs solteiras, Isaura e Mirandolina — todas agradavam muito as nossas crianças.

    Mirandolina era a mais carinhosa, fazia questão de levar uma ou outra criança para dormir no seu quarto. Uma noite veio bater na porta do meu quarto trazendo um dos meus filhos, que não conseguira fazer dormir. Ele se queixava de dor na cabeça, na nuca e tossia. Agasalhei-o bem na minha cama, mas estranhei logo a sua respiração, e fui imediatamente consultar o meu livro de medicina; era o dicionário Chernoviz, e desconfiei logo que a sua doença era grave. No dia seguinte amanheceu com febre e com a respiração difícil o que me deixou ainda mais nervosa e apreensiva, e, não esperando mais nada, aprontei as suas roupinhas, pedi ao pai que o levasse para São Manuel, onde tínhamos um médico de confiança que era o dr. Godofredo Wilken, e tínhamos também amigos com os quais podíamos contar. Foi então levado o nosso filho para a casa de Felipe e Candinha que moravam numa pequena casa atrás da igreja matriz, e ao lado deles, numa outra casa maior, o Vovô Toledo com sua família.

    O Vovô Toledo foi incansável, acompanhando com amizade a doença do meu filho, procurando orientar o médico que se convenceu logo tratar-se de um caso de crupe, tal como eu tinha desconfiado, e em estado muito adiantado, dependendo entretanto de encontrar naquela cidade, para ser injetado sem demora, o remédio salvador, o sérum antidiftérico que com muita dificuldade foi obtido em São Manuel, mas era medicamento considerado velho na farmácia. Urgia providenciar um outro sérum mais novo. Foi então mandado um camarada a galope para Botucatu onde felizmente encontrou o remédio que chegou ainda em tempo de salvar a vida do meu filho. Eu não tinha podido acompanhá-lo, estava na fazenda cheia de cuidado e de aflições, o meu estado não permitia viajar, mas quando recebi um telegrama dizendo que o seu estado era muito grave, tomei imediatamente o trole e fui alcançar em Lençóis, um trem misto que seguia para São Manuel onde cheguei ao escurecer, ao mesmo tempo em que chegava também o camarada, de Botucatu, trazendo o remédio maravilhoso que era a nossa única esperança. Assistimos muito impressionados, mas com fé e coragem, o dr. Wilken aplicar-lhe a injeção, e, dali a quatro horas a sua respiração foi se normalizando, e o meu filho dormia tranquilo, livre de perigo! Ali mesmo ao pé de sua cama, ajoelhados, demos graças a Deus, podíamos voltar sem receio para a fazenda confiantes nos cuidados e dedicação do dr. Wilken e dos nossos bons amigos Felipe e Candinha.

 Sobreveio depois, o perigo do nosso filho perder a voz, mas o dr. Wilken conseguiu curá-lo no fim de um mês de tratamento.

 Enquanto isso sofríamos longe dele na fazenda muitas preocupações. E, apenas cinco dias depois que deixamos

São Manuel, nasceu a nossa última filha, na casinha velha do Engenho. E, como reconhecimento e prova de amizade, essa nossa filha foi prometida a Felipe e Candinha, como afilhada de batismo. A nossa gratidão para com eles teria ido muito além, pois conforme nos fizeram prometer caso viéssemos a ter mais filhos, esta última lhes pertenceria. Mas, Deus não o quis.

O perigo das doenças que enfrentamos na fazenda, nos primeiros anos, representavam para nós como um fantasma terrível por não contarmos com recursos médicos e precisar abandonar tudo, a fim de procurá-los em cidades distantes. Em casa tínhamos apenas uma reserva de remédios caseiros como: óleo de rícino, sulfato de quinina, algumas tinturas como de *Aconitum*, noz-vômica, inclusive uma pequena farmácia de medicamentos de homeopatia.

Nunca deixei passar mais que dois a três dias para correr com os meus doentes, fora de casa. Consultava sempre o dicionário Chernoviz e logo que desconfiava da doença, me punha a caminho da cidade.

O primeiro médico que conhecemos naquele tempo, em Lençóis, e que nos procurou na fazenda para contratar ali o posto médico, era moço ainda, tinha vindo do estado do Rio. Mas ele chegava na colônia já cansado e nem sempre se dava ao trabalho de apear do cavalo para examinar os doentes, chegando a espiá-los de fora e ali mesmo sobre a cabeça do arreio escrevia a sua receita. De modo que esse médico não chegou a inspirar confiança tendo se retirado logo para São João del-Rei, a mandado do Governo para servir o Exército.

Porém, um tanto distante da nossa fazenda, no município de Pederneiras, morava um médico (fazendeiro) que tinha fama de ser muito bom. Era o dr. Marco Túlio de Carvalho, casado com uma irmã de d. Vitalina Penteado. Era retraído, rogado e muito caseiro, entretanto, duas vezes que recorremos aos seus serviços não fomos felizes. Da primeira vez foi chamado com urgência para socorrer a um dos meninos (o mais velho) que tinha tido um ataque de vermes durante a noite, nos assustando muito. Acordamos o Antônio irmão do Elias que morava em casa, para que fosse a galope trazê-lo para ver o doente, e enquanto isso, corri em casa de uma velhinha cabocla que morava numa casinha na beira d'água para me ensinar um remédio. E qual foi a minha indignação quando a velhinha me pediu uma vela para colocar nas mãos do meu filho! Protestei horrorizada, corri pelas cercas à procura de chifres de animais, onde sempre tinha alguns enroscados, lembrando que minha mãe fazia com eles, chás para dar aos crioulinhos quando ameaçados de vermes, fui à cozinha, sapequei com fogo de palha o chifre de carneiro que ali encontrei, raspei-o depressa, fazendo com ele um chazinho com mais umas folhas novas de laranjeira e uma pedrinha de cânfora que me pareceu ser bem calmante.

Quando levei-o para o filho tomar, foi preciso forçá-lo pois tinha os dentes cerrados, os lábios roxos e torcidos para o lado e os olhos também virados. Mas, Deus me ajudou fazendo-o que engolisse o remédio, e logo depois voltasse ao seu estado normal.

Na véspera ele tinha levado um grande susto com um dos cachorros que roubara a chupetinha da boca do irmão e para alcançá-lo correu tanto que acabou caindo dentro do rego d'água ao atravessá-lo por cima de uma tábua.

Esse fato me impressionou tanto, me encheu de receios e de cuidados ao ponto de me levantar por vezes à noite para observá-lo em sua cama e só me convenci de que estava bem e que não havia perigo de repetir aquele acesso, quando a minha mãe me surpreendeu uma noite vigiando-o então me repreendeu e me aconselhou a ter confiança na saúde do neto que ela considerava tão forte e tão travesso. Foi então que fiquei mais tranquila.

O médico que foi chamado na ocasião para socorrê-lo, demorou-se tanto para resolver chegar até a nossa casa que o encontrou ali já são e brincando com os irmãos. Mas nem por isso deixou de embolsar os cem mil-réis.

Mais uma vez foi consultado, e em sua própria fazenda, cobrando-nos o mesmo preço. Foi quando o nosso terceiro filho adoecera com uma febre muito alta inspirando-nos muitos cuidados. A sua receita foi acertada, cortando imediatamente a febre, porém brotou-lhe na boca tantas feridas como a aftosa do gado, vertendo tanta água que não havia o que chegasse para ampará-lo e enfraquecendo-o ao mesmo tempo por não poder se alimentar por muitos dias. E na mesma ocasião, a irmã acima dele caiu de cama com a mesma febre alta porém com sintomas diferentes. Ambos foram levados à cidade de São Manuel do Paraíso e tratados com o dr. Godofredo Wilken em casa de Felipe e Candinha. Era com muita dificuldade e sacrifícios que transportávamos os nossos doentes para aquela cidade de recurso.

Nossa estrada para Lençóis não seria má, se não fosse o vento muito frio que fazia no campo e a areia muito solta que não deixava o trole rodar, era preciso sairmos muito cedo de casa para alcançarmos o trem na estação de Lençóis.

Minha mãe estranhava muito as nossas estradas, e dizia sempre que elas mais se pareciam com os caminhos de caças. O troleiro que era o Joaquim Olímpio, e tido como o mais competente, ficava desapontado quando ia às estações de Campos Sales e Banharão buscar os nossos hóspedes, porque desciam do trole e caminhavam a pé, trechos longos da estrada com receio do trole tombar.

Uma vez em que o Joaquim foi buscar d. Marianinha para embarcar na estação de Iguatemi, o trole deu um solavanco tão forte que jogou-a sentada em cima de um barranco na beira da estrada, mas com tanta sorte que não se machucou, apenas perdeu o virado de frango que levava dentro de uma lata de bolacha, no colo, para comer no trem.

Na estrada de Pederneiras também aconteceu um acidente com o meu pai que viajava de trole para Pederneiras de volta a Piracicaba. Viajava daquela vez, com o meu padrinho Manequinho Ferraz. Numa certa altura da estrada, o trole passando por uma roçada na beira do caminho, uma lasca de pau enroscou na roda da frente, do lado em que meu pai estava sentado, e quando com o impulso do trole o pau desprendeu-se da roda, deu uma pancada tão forte sobre a perna de meu pai, e em cima do osso da canela! Foi preciso, antes de embarcar, ir a uma farmácia em Pederneiras se medicar, e sofreu durante muito tempo, as consequências desse acidente.

Os vizinhos tinham boa vontade, mas nem sempre podiam se reunir para reformar as estradas e as suas pontes. Assim resistimos durante alguns anos a essas dificuldades, devidas muitas vezes às grandes chuvas e tempestades que chegavam a obstruir alguns trechos dos nossos caminhos.

Numa das vezes que mandei o trole em Pederneiras esperar Antoninho, com os filhos que ele trazia do colégio, desabou uma forte chuva acompanhada de tempestade derrubando árvores pelo caminho entre a nossa fazenda e a do sr. Telles, pelo qual o trole teria que passar. E, não chegariam em casa naquele dia, se não tivesse me lembrado de mandar desobstruir a passagem logo que cessou a tempestade.

Em caminhadas longas como essa, e outras, éramos obrigados a levar uma parelha de cavalos ou de bestas, para revezarem em caminho, sobretudo nos lugares de atoleiros, ou nas subidas de morros. Naquele tempo, chovia muito nos meses de janeiro e fevereiro.

Antes do nosso país importar automóveis, sofríamos sérias dificuldades em viagens, quando só podíamos contar com o trole e com os animais de montaria.

Todos os viajantes que passavam pela fazenda, vindos dos sertões e das cidades distantes, chegavam cansados, assim como os animais.

Um deles, que era representante da Casa Upton e que se chamava Guilherme Smith, depois de ter estado em casa negociando peças de máquinas, quando para lá se dirigia pela terceira vez, foi surpreendido nos campos de Botucatu, por uma forte tempestade durante a noite, caindo com o seu animal, nas profundezas de uma daquelas voçorocas existentes naqueles campos, tendo sido encontrado morto debaixo do seu animal.

Enfrentando todos esses riscos, eu admirava da coragem de um senhor já bastante idoso que morava em São Manuel, o qual passando por diversas vezes pela nossa fazenda onde pernoitava, para no dia seguinte muito cedo continuar a sua viagem até Ibitinga, onde ele tinha uma filha casada com um tal José Paulino Botelho. Chamava-se esse senhor,

João Frutuoso de Melo Coelho. Era o pai do nosso primeiro empregado Ozório de Melo Coelho, e por mais esse motivo, preferia passar pela nossa casa, onde foi sempre bem recebido. Foi um dos primeiros apreciadores do meu primeiro pomar, chegando levar no picuá, frutas aos seus netos. Usava barbas compridas, era parecido com o nosso imperador d. Pedro. Nesse tempo já era sogro do conde Siciliano, e dizia-nos que essa sua filha Laura, era muito bonita, assim como a Maricota, casada com um tal José Paulino Botelho, fazendeiro em Ibitinga, cidade da zona de Jaú. Esse senhor, era já velhinho porém muito forte e disposto. Ia sozinho à invernada prender o seu cavalo, arreava-o na porta da nossa casinha velha, e seguia a sua longa viagem. A sua família morava em São Manuel. Com eles vivia um dos filhos do conde Siciliano, chamado Galileu.

    O meu tio Juca de Santos, depois de ter sido comissário em Santos, e bastante rico, passou a ser viajante e comprador de café na nossa zona. Era um homem muito forte, bem-disposto, alegre e amigo nosso. Às vezes, chegava muito cansado, descia do cavalo e ia para a rede pondo ao seu lado as crianças, fazendo-as cantar para ele ouvir, e um dia, tendo esgotado o repertório, cantaram para o tio velho ouvir: "O pinto pinicou o velho, o velho pulou para trás, e as meninas atrás dizendo que o velho não presta mais". O tio gostou tanto que as fez repetir.

Era irmão do meu cunhado Pedro Rico e o pai da prima Cota. Numa das vezes em que veio à nossa fazenda, efetuar um pagamento de café de trinta e tantos contos, me encontrou costurando no meu quarto. Ali mesmo o tio abriu a gavetinha da máquina, colocando dentro o dinheiro que só mais tarde me lembrei de guardá-lo noutro lugar mais seguro. E quando pela última vez que esteve na fazenda, já no tempo da casa nova, o tio antes de retirar-se, me pediu que lhe arranjasse uma varinha de pescar, e isca de angu pois queria caçar uns peixinhos na beira do rio Tietê enquanto esperava pela balsa para atravessá-lo com destino a Jaú.

Pouco tempo depois, soubemos com pesar, que o bom tio havia falecido naquela cidade, no hotel onde estava hospedado, e onde fora encontrado caído sobre a valise, no momento que pretendia retirar de dentro dela, um baralhinho para se distrair com os companheiros do hotel.

Naquele tempo faziam grandes caminhadas a cavalo. Chegavam em casa vindos de longe, o fazendeiro Chico Matias de São Manuel, com o seu genro Hildebrando Paranhos. Ambos vinham cansados e com uma vontade louca de tomar café, pois durante toda a sua caminhada não tinham encontrado quem lhes desse uma xícara de café, porquanto aqueles moradores da beira das estradas só tomavam chás de erva-doce, e de outras ervas do quintal, inclusive o de folha de laranjeira. De modo que apressei-me em preparar-lhes uma bandeja com café, leite e biscoitinhos de polvilho, por sinal que apreciaram-na, e por muito tempo ainda falavam no café gostoso que tomaram em nossa casinha velha do Engenho.

O comendador José da Silva Paranhos nosso vizinho, acompanhado do seu filho Zezé e da sua nora d. Carmen, uma moça morena muito bonita e simpática, apareceram um dia nos visitar na casinha velha. Ela trajava um amazona de gabardine xadrezinho muito elegante. O comendador ainda era muito conservado.

Foi uma visita que muito nos agradou, e ao se retirarem, o nosso perdigueiro Guarani acompanhou-os até o alto do cafezal em sinal de simpatia.

Não chegamos a retribuir-lhes a visita, não só pela dificuldade de sair de casa com crianças de trole, ou a cavalo, por estradas péssimas, como também porque logo depois o comendador retirou-se com a família para o Rio de Janeiro. Sua fazenda era uma das melhores da zona e dividida em três partes: Jureima (a sede), Santa Ana, Irara.

Logo depois da visita desses três cavaleiros distintos, outros três, apontavam ao longe. Estávamos distraídos, com os três primeiros filhos, na varandinha da frente de nossa casa, quando avistamos os cavaleiros que vinham de Jaú. Eram, a minha sobrinha Aninha, com o marido e um camarada, trazendo a tiracolo, uma caixa de papelão, contendo roupa de batizado. No dia seguinte fomos a Lençóis batizar o nosso segundo filho em cumprimento a uma promessa que lhe fizera, quando me casei. Logo após, fomos também a Jaú batizar o seu filho Silas, que faleceu ainda em criança. Foi a primeira vez que estive em Jaú, chegando até a sua fazenda.

    Na ocasião que nasceu esse nosso filho, tinha vindo de Piracicaba, a minha mana Ermelinda para me fazer companhia, porém teve tão pouca sorte que apanhara maleita em viagem pela Navegação Fluvial. De modo que no quinto dia de dieta, me levantei para tratar de minha irmã que ainda se achava de cama. Minha mãe não podendo estar comigo nessas ocasiões, facilitava a ida de uma de minhas manas solteiras que me faziam boa companhia e tomavam conta da casa enquanto eu guardava o leito.

    Quando o meu segundo filho completava um ano e oito meses, nascia na chácara de meus pais em Piracicaba a nossa segunda filha, e, quando completou pouco mais de um mês, voltamos para a fazenda, tendo sido essa viagem a última que fizemos pela Companhia de Navegação Fluvial. Não levamos pajem, e as crianças maiores nos deram muitas preocupações a bordo, devido ao vapor não ter grades, proteção alguma. Eu tinha necessidade de descer muitas vezes na pequena cabine, para cuidar de minha filha, e amamentá-la, porém antes, eu amarrava os dois meninos em uma cordinha fazendo-os sentar num banco que existia no tombadilho e dando uma pequena folga para que pudessem ficar de pé quando se cansassem.

Porém numa das vezes, o pai cismou e desatou as cordinhas, e, daí, na mesma hora se puseram de correria um atrás do outro no pequeno espaço do tombadilho e agarraram a irmã mais velha pela pontinha da saia. Ela por sua vez corria para escapar deles. E, teriam caído n'água, se os marinheiros não os acudissem em tempo. E foi tão grande o nosso susto, que desistimos de viajar pelo rio, e daí por diante procuramos viajar por outras estradas embora distantes e, difíceis de viajar de trole com tantas crianças, além do quê, lutávamos muito com a falta de uma boa pajem. Os colonos não consentiam que as suas filhas saíssem fora da fazenda, e ali mesmo, faziam questão que elas fossem à noite para as suas casas.

E assim com tantas dificuldades, não tivemos mais coragem de sair e chegamos a ficar na fazenda durante quatro anos, procurando resolver os nossos problemas ali mesmo, onde nasceram os demais filhos.

Passados um ano e nove meses dessa última viagem que fizemos, nasceu o terceiro filho. Nessa ocasião estava conosco o sobrinho Procópio em gozo de férias, e no dia, eu ainda servi o lanche na salinha da casa velha para todos, depois do quê, recolhi-me para o quarto, mandando chamar às pressas na colônia uma cabocla entendida, a nhá Chica do nhô Germano, recomendando-lhe que não se demorasse. Mandou-me dizer pelo portador, que estava acabando de remendar uma calça do marido, mas que viria logo à fazenda me atender. Porém chegou tarde e se não fosse a preta Victoria que morava mais perto de casa, eu passaria mal. E, quando Antoninho chegou da roça, encontrou a festa terminada, o filho já vestido e bem agasalhado. Chamou então o sobrinho Procópio para dar-lhe a notícia, a qual ele só acreditou quando entrou no meu quarto e viu o priminho.

Era a primeira vez que eu deixava de ter a companhia da minha mãe, ou a de uma das minhas irmãs me substituindo em casa, tomando cuidado com as outras crianças e mesmo comigo na cama.

O sobrinho porém, me ajudou muito, distraindo durante o dia a criançada para que não corresse perigo de caírem n'água ou de serem machucados de qualquer forma no terreiro e mesmo dentro de casa.

Porém, quando mais senti falta de uma companheira, da presença de minha mãe, foi quando nasceu a terceira filha e que me achava completamente só em casa, apenas com uma cozinheira, e essa mesma pousando fora, pois coube-me passar nessa ocasião, por muitos sustos, e sérias preocupações.

Logo num dos primeiros dias, quando ainda muito cedo, eu sentada na minha cama, cuidava de minha filha, quando ouvi um forte estampido do lado da cozinha que era muito próxima do meu quarto, ouvi gritos e no mesmo instante vi uma mulher que entrou correndo e assustada pedindo-me "Me acuda patroa que Vicente me matou" estava com as mãos ensanguentadas e tremendo como uma vara verde. Era a caboclinha clara, casada com um preto retinto e perverso, o qual constantemente a ameaçava de matar. Esse dia ela estava com medo dele e veio em casa com o casalzinho de filhos me pedir para pousar. Morava perto da serraria, já era minha conhecida, gostava de me prestar serviços, era agradável para com as crianças. Isso foi num domingo, e segunda-feira muito cedo, vendo pela janelinha da cozinha, o boné do filho caído no terreiro, abriu a porta e foi apanhá-lo sem desconfiar de nada, nunca imaginara que o marido estivesse ali perto escondido, e quando abriu a porta da cozinha e que abaixou-se para erguer o bonezinho do filho, nesse momento ele que a espreitava, escondido numa tulhinha ao lado da casa, descarregou-lhe um tiro de espingarda com chumbo grosso, certo de matá-la. O bonezinho do filho livrou-a de receber o tiro em pleno peito, ferindo-a apenas na mão e na coxa do mesmo lado. Mas o susto foi tão grande que ela pensou na hora, que ia morrer. O meu susto não foi menor vendo-a tão trêmula, pálida e com as mãos ensanguentadas! Depois recobramos a calma e demos graças a Deus. Era uma boa mãe, muito trabalhadeira, procurando nas horas vagas, sempre servir aos outros.

O marido evadiu-se, embrenhando-se na mata, e a polícia não tomou conhecimento do crime.

Logo em seguida a esse caso que muito nos impressionou pela audácia e falta de respeito do criminoso, um outro fato veio nos abalar: foi a notícia de uma caçada trágica havida no sertão de Avanhandava, na qual estava envolvido o nosso primo Arlindo, que, vendo-se perseguido, veio se refugiar em nossa casa. Ele, e mais o meu cunhado Pedro Rico, tinham sido convidados pelo primo campineiro José Theodoro Ferraz, possuidor de terras naquele sertão, para uma caçada que organizara, levando além do Arlindo e do Pedro, mais dois amigos seus de Campinas, Alfredo e Mário Guedes. Os primeiros, como bons caçadores, levantavam-se muito cedo para aproveitar a melhor hora de esperar as caças nos barreiros, eram simples e despreocupados, ao passo que os dois últimos perdiam tempo no mato, onde levavam até espelhos e pajem, e criticavam os bonachões. Começando assim com pequenas rixas, os ânimos foram se exaltando em plena mata do sertão, onde um dia se atracaram tendo o Mário Guedes, rolado e caído mortalmente ferido dentro do rio, enquanto o Arlindo e o Pedro vendo o perigo que corriam ali naquela situação, tomaram imediatamente a primeira canoa que encontraram e um camarada de confiança como guia naquela fuga apressada rio abaixo onde iriam desembarcar e embrenharem-se nas matas, procurando o rumo da estrada de ferro, até que no final de três dias de inquietações e sofrimentos vieram desembarcar na estação de Banharão, tendo dali, o meu cunhado Pedro, seguido para Piracicaba, e o primo Arlindo procurado refúgio em nossa casinha velha do Engenho. E, todos aqueles dias que passou entre nós, não foi vida nem para ele e nem para nós, pois, vivíamos sobressaltados, com os olhos fitos na estrada onde tudo quanto divisávamos ao longe, e às vezes o nosso próprio caseiro descendo o morro do cafezal com os seus bois pacatos, nos parecia ver neles uma escolta à procura do Arlindo para prender e até para matá-lo, porquanto a família de Mário Guedes havia prometido dez contos de réis ao assalariado que descobrisse o seu paradeiro.

Entretanto o meu primo era inocente como ficou provado na ocasião do seu julgamento, quando constataram que a bala, causadora da morte do Mário, tinha partido da carabina de seu próprio irmão Alfredo que no momento do conflito procurava afastar os contendores.

Arlindo permaneceu ali conosco onde o acolhemos com grande amizade e simpatia até a data em que voltou apresentar-se às autoridades de Salto Grande, aguardando ali com confiança e bem protegido o dia do seu julgamento. Durante todo esse tempo foi alvo de gentilezas por parte dos moradores daquela localidade, tendo todos, se simpatizado imediatamente pela sua causa. Era uma criatura muito boa e atraente, tratando a todos com igual atenção. Nunca vi um nome tão bem empregado como o seu. Tinha um ar mesmo lindo, muito alegre, sorridente e comunicativo.

Era crente fervoroso e enchia a nossa casinha com a sua voz bem afinada cantando os hinos sagrados, nos alegrando, e Deus abençoou a sua causa.

Quando o primo deixou a nossa casa, e que ainda estávamos impressionados com os acontecimentos, seguindo-o e acompanhando de longe a sua sorte, o pronunciamento da sentença em Salto Grande do Avanhandava, eis que um dia chegou na fazenda, um cavaleiro estranho, vindo de Piracicaba, trazendo-nos uma carta de recomendação do meu cunhado Maneco Silveira Corrêa. Era um tal Tavares, seu cliente o qual havia cometido um crime naquela cidade, e aconselhado a refugiar-se em nossa fazenda.

Que tivéssemos acolhido o Arlindo era muito justo porquanto o estimávamos como a um irmão, ao passo que ao outro, só mesmo em consideração ao pedido do cunhado pois não sabíamos recusar.

Finalmente, um outro fato muito angustioso aconteceu na fazenda na mesma ocasião, e com um dos nossos colonos espanhóis, com o Antônio Serraro, o qual deparando na estrada de Lençóis com um pequeno embrulho, desceu do cavalo para apanhá-lo e guardou-o em casa no meio dos seus remédios costumeiros, pensando que fosse bismuto, remédio esse que costumava dar aos filhos, todas as vezes que se sentiam ligeiramente doentes, ou indispostos. Aconteceu então, que a sua filha Manuelita, uma linda menina de treze ou catorze anos, sentindo-se indisposta, o pai apressou-se em administrar-lhe uma dose daquele remédio que encontrara na estrada e que infelizmente não era bismuto e sim arsênico, veneno fortíssimo, causando-lhe uma morte horrível nos braços de sua mãe que envelheceu de um dia para o outro. Impressionou-nos muito esse caso tão trágico, e assistindo-o amargurados por não poder salvar a sua filha pois médico só havia muito longe! A única coisa que tentamos fazer, foi o de dar-lhe leite em quantidade mas que de nada valeu. O mal foi dar muito.

Nós tínhamos sempre venenos em casa para matar os ratos, mas estes eram guardados em vidros com rótulos e muito bem escondidos, porque a casa era muito devassada e os meninos subiam até pelos forros, de modo que nem mesmo ali podíamos ter os vidros com veneno.

Preocupações e vigilância tínhamos sempre e muito com eles, pois os perigos estavam por tudo, tanto fora como dentro da nossa própria casa que era em grande parte feita de madeira, muito sujeita a incêndios, e ali justamente nessa parte é que os meninos viviam disputando as aranhas que faziam as suas teias por detrás das janelas e pelos cantos da casa. Aquelas aranhas eram para eles sagradas, e objeto de grande divertimento; caçavam mosquitos que pegavam com muita habilidade sobre aquelas teiazinhas tão frágeis, e ali ficavam horas seguidas, admirando o trabalho e a arte com a qual as aranhas se apoderavam dos mosquitos. Porém à noite, cada um com o seu toquinho de vela, me davam muito receio que se incendiassem e que pegassem fogo na casa. Chegavam a batizar as suas aranhas, com os nomes os mais esquisitos.

    Outro perigo, eram as armas de fogo, as quais não dispensávamos de tê-las em casa, e às mãos. Porém, tomávamos muito cuidado, guardando-as sempre descarregadas, mas um dia coloquei a minha pequena Flaubert no cabide, convencida de que havia retirado dela o cartuchinho de chumbo fino, e foi o quanto bastou para que o filho mais velho, retirando do cabide, levou-a até a varandinha da casa, que dava para o terreiro de café, onde se achava trabalhando um dos camaradas, e dali, apontando-lhe a arma disse-lhe brincando: "Quer ver Ramiro como te mato?" e o tiro passou rentinho da cabeça do camarada que, com o susto derrubou a peneira cheia de café que estava abanando, chegando a empalidecer de susto. Enquanto que o travesso também assustado e com medo, deixou ali no chão a espingarda, saiu correndo e passou o resto do dia escondido longe de casa. O mesmo travesso, tendo encontrado um dia uma bala de revólver perdida, levou-a para a cozinha, deitando-a no meio das brasas do cinzeiro do forno de barro, e quando arrebentou, deu um grande estrondo, voando brasas pela cozinha toda e nos assustando.

Era o mais travesso, o que nos dava maiores preocupações, fazendo-se acompanhar pelo outro irmão menor, viviam pelos pastos, levando os cachorros e com eles perseguindo os lagartos que, para se verem livres deles, entravam em suas tocas, mas, deixando pedaços de cauda na boca dos cachorros quando não conseguiam matá-los, e traziam para a casa aqueles tocos de carne branca dos lagartos, chegavam a cobiçá-los, esfregando na chapa do fogão, e não duvido muito que até os tivessem provado, pois diziam que era igual a carne de peixe.

O cão predileto que levavam naquelas caçadas extravagantes era de fato muito esperto e valente. Chamava-se Belo, era amarelo manchado de cor café com leite. Quando seguiram para o colégio, e que souberam que o crioulo Joaquim Olímpio havia morto a tiros de espingarda, o seu cachorro tão estimado, o mais velho escreveu-me uma carta pedindo que desse ao Joaquim o seguinte recado: "Diga mamãe ao Joaquim Olímpio, que, pelos tormentos que ele fez o Belo passar, os seus cachorros hão de passar quando eu voltar para as férias aí na fazenda".

Ele mais tarde compreendeu que o ato do camarada não tinha sido por malvadez, e perdoou-o.

As suas reinações naquele tempo, deixavam vestígios por toda a parte. Quantas vezes ao entrar no meu quarto, ao passar pela cômoda onde guardavam as suas roupas, eu sentia um cheiro estranho, abria as gavetas, e ali encontrava nos bolsos dos sobretudinhos deles, pedaços de minhocas, rolinhas já deterioradas que caçavam com estilingues e que se esqueciam de dar à cozinheira para prepará-las.

Quando se alongavam muito de casa, ou que abusavam dos nossos cuidados, iam à casa do compadre Chico Português, que morava perto da olaria, e de lá vinham apadrinhados para casa, pelo bondoso Chiquinho.

Às vezes desapareciam me dando cuidados e, eram encontrados em casas dos camaradas ali por perto, muito satisfeitos, e bem agradados por eles.

Um dia o menor apareceu em casa, com a roupa e o rosto pretos de carvão, cheio de cinzas, perguntei-lhe o que estivera fazendo tanto tempo longe de casa: ele era calmo, não se atrapalhou, respondeu-me logo que "estava na casa de nhá Bastiana" fazendo o quê? "assando batata, chupando cana".

Eram bastante espertos para perceber quando a gente achava graça, e com isso abusavam da nossa condescendência, continuando sempre a nos dar preocupações.

Não queriam sair de pajens, e nem suportavam a sua vigilância. Elas também por qualquer motivo se zangavam, bastava que as chamassem de feias, arrumavam a trouxinha de roupa e fugiam para a colônia, e assim viviam a maior parte do tempo livres, reinando, brincando com os cachorros ao redor da casa. Onde eu tinha mais receio que fossem, era nos brejos e no mato por causa das cobras, pois eram encontradas por tudo onde andavam, e até mesmo rente com a casa eu surpreendia-os matando-as com um pedaço de pau.

Uma noite, quando já estávamos dormindo, ouvi um piado estranho dentro do quarto, acordei depressa Antoninho, acendemos a vela e examinamos primeiro debaixo da nossa cama, antes de descermos, e fomos baldeando as crianças fora do quarto para o examinarmos melhor. Ele ia na minha frente munido de um porrete de peroba, eu atrás com um lampiãozinho de querosene, tinha receio que a vela se apagasse, assim fomos receosos e com cuidado, examinando canto por canto, e quando chegamos perto de um pequeno móvel, onde as crianças costumavam guardar os chinelinhos, sentimos que era de dentro dele que partia o piado. Com muito custo, e com a pontinha do porrete, Antoninho conseguiu entreabrir uma folha da porta, certo de encontrar ali dentro, uma cobra enrolada e pronta para dar o bote, quando deparou com um pinto pelado tremendo de frio, achando naturalmente falta dos companheiros que o ajudavam aquecer.

As crianças trouxeram-no ali, escondidas, com certeza de dó por ser tão pelado e fazia frio.

Mas nos pregaram um bom susto, e tivemos que baldeá-los de novo para as suas camas.

Não tínhamos empregadas à noite, dormiam fora na colônia, os seus pais ou irmãos, vinham à noite buscá-las. De modo que, não contávamos com ninguém, nem mesmo em casos de doenças.

A casa por sua vez era muito pequena, não tinha fora nenhuma dependência a não ser a dos camaradas que não tinham família.

A outra luta grande que tivemos naquele tempo foi com a falta de cozinheiras, elas não queriam se sujeitar a cozinhar para tantos camaradas, a turma era mesmo grande, e exigente, queriam comida boa, farta e na hora certa.

Tive uma cozinheira preta que tinha sido escrava da família Fortes no Rio. Apesar de velha, era trabalhadeira e prestimosa. Gostava também de ir aos bailes da colônia, me pedindo antes "Sinhá me deixa ir a uma brincadeira?".

E tanto brincou até que um dia o crioulo Joaquim Olímpio por quem a tia Eva tivera a fraqueza de se apaixonar, quase lhe arrancou as orelhas, ficando entretanto com os seus brincos nas mãos. Joaquim já andava enamorando a Rosa Cavalari, e podia ser considerado como neto da tia Eva. E, com isso a tia Eva e o Adão, deram o fora da fazenda.

Mandei buscar na fazenda do Porto uma preta chamada Domingas, mas bebia pinga como um homem. Tive uma outra bem preta chamada Eliza, esta era muito trabalhadeira, mas geniosa.

Muitas vezes fui forçada a trabalhar na cozinha porque não me convinha ensinar as mulheres da colônia e nem eu queria sacrificá-las tirando-as da lavoura. Todas ajudavam muito os maridos na roça e em casa tratavam dos seus filhos e criações. Além disso elas gostavam de ser livres, eu achava que tinham razão, esperava até que aparecesse uma cozinheira de fora. Essa luta durou até 1909, quando conheci nhá Tudinha que desde então me acompanhou até morrer, tendo durante esse tempo interrompido o seu serviço, apenas por pouco tempo, quando foi trabalhar na fazenda Taquaral em Piracicaba, para a minha filha mais velha, e depois uma pequena temporada com um filho em São Paulo, onde tendo apanhado um reumatismo, voltou para a nossa fazenda e desde então nunca mais nos deixou.

Nhá Tuda nunca exigiu-me uma ajudante na cozinha, mesmo quando a casa se enchia de hóspedes ou visitantes. Muito cumprideira e compenetrada nos seus deveres, não se atrasava com as refeições, apresentando-as bem quentinhas na mesa. Sabia fazer diversos doces e o costumeiro bolo de fubá que só ela sabia fazer e assar tão gostoso.

Apenas as quitandas, como biscoitos de polvilho e outros, é que ficavam ao meu cargo. Eu adotava o sistema de minha mãe, fazia um sortimento para durar a semana. Assim me restava tempo para costurar, lidar no pomar e fazer as minhas caçadas no mato perto de casa ou quando não ia pescar no ribeirão. Quando chovia e que a água se tornava turva, cor de barro, eu pescava muitos bagres e de bons tamanhos, porém receando sempre de encontrar ali alguma cobra. Porém, depois que o Instituto Butantan começou a nos fornecer laçadores próprios, não tivemos mais receio porque aprendemos a caçá-las sem o perigo de sermos mordidos e só perdíamos as cobras muito ariscas, muitas das quais ao tentarem se esconder debaixo da casa ou dos paióis, eram mortas a tiros de espingarda.

Por cada cobra venenosa, o Instituto nos mandava um tubo do sérum, e por cada seis cobras, recebíamos um estojo completo para o uso das injeções, e dessa forma nos garantíamos na fazenda em caso de perigo.

Antes de termos a água dentro de casa, muitas vezes durante a noite éramos forçados a ir apanhá-la no ribeirão, e sempre com receio de encontrarmos ali no terreiro, com alguma delas, pois àquelas horas vinham à caça dos ratos. Era preciso ter o terreiro sempre bem varrido e desimpedido de tranqueiras onde pudessem se esconder as cobras.

Só tivemos a água dentro, depois que o mano Tonico e a mana Aninha foram batizar Nair, tendo ambos se impressionado com as nossas dificuldades, e o mano então procurou remediá-las, nos oferecendo uma bomba que possuía em sua fazenda em Ribeirão Preto, e nos ensinando o modo e o lugar onde devia ser colocada.

Assim, logo que a recebemos, foi feita uma caixa de cimento no terreiro, acima da casa para o depósito de água, e estendemos os canos dentro da nossa casinha, onde colocamos um cocho de madeira, e sobre ele, preso a uma pequena altura tínhamos um daqueles chuveiros antigos, onde com baldes o enchíamos de água fria ou morna, com uma correntinha presa de um lado para dar a descarga. Assim desse modo remediamos as nossas dificuldades por muito tempo.

Antes, era no próprio rego d'água que levávamos as crianças para lavá-las, trazendo-as de volta para a casa, montadas em nossas costas até a porta da casinha, onde calçavam os seus chinelinhos. Em bacias os lavávamos somente em dias de chuva e então o quarto ficava inteirinho alagado e cheio de barro. Era uma luta tremenda! Com as emendas no telhado, feitas por pedreiros inábeis, a casa, nos dias de chuvaradas, tinha tantas goteiras, que era preciso recorrer às grandes cartolas para aparar as águas, e mesmo assim, conforme a duração das chuvas, as cartolas transbordavam e inundavam os quartos.

Nessa mesma ocasião em que o mano Tonico esteve em casa, e que durante a noite choveu torrencialmente, ao amanhecer o dia o mano vendo que não podia descer da cama, gritou-me de dentro do quarto: "Flora, mande-me uma canoa" e, em lugar da canoa, foi uma vassoura arrastar com a água para fora do quarto.

Quando recebemos a referida bomba, o mano me mandou ao mesmo tempo, um caixotinho com mangas bourbon, cujas sementes aproveitei-as, fazendo crescer quatro pés ao lado da casinha velha, e dali, fiz muitas mudas, cujos pés há mais de trinta anos estão dando frutas no pomar da casa nova.

O mano Tonico nos fez diversas visitas na fazenda. Logo depois de sua segunda núpcia, ele nos fez a sua última visita.

Quando nos mudamos para a nova morada, contudo parecermos contentes ali, não perdíamos de vista a nossa casinha velha tão cheia de preciosas recordações, e onde recebemos as primeiras e melhores visitas dos meus pais, quando ainda eram fortes, ao ponto de enfrentarem aquelas viagens tão penosas para chegarem até nós! Eles saíam de Piracicaba de trole de linha até Rio Claro, cuja estrada não era má, porém enfrentavam a subida do morro dos Boiadeiros considerada naquele tempo perigosa. De Rio Claro, por estrada de ferro até Campos Sales ou Banharão, e só mais tarde, a estrada chegou a Iguatemi, estação mais próxima do rio Tietê, cujo caminho era quase tão ruim como os das outras estações, com o seu morro íngreme e cheio de pedras já perto da barranca do rio, onde com grande morosidade atravessavam a balsa, e dali por diante uma caminhada de mais de uma légua em estrada malconservada, cheia de águas e de pontes a atravessar, até chegar em nossa fazenda. E não foi debalde que permanecemos até quatro anos sem viajar, sem sairmos da fazenda. Durante esses anos descuidei-me até dos meus dentes, chegando a perder alguns deles. Tentei ir uma vez a São Manuel, quando já não podia mais suportar uma dor de dente e decidida a extraí-lo, pois não podendo levar comigo nesse dia a minha criança pequena, e por esse motivo me demorar em São Manuel, procurei logo pelo dentista indicado por Felipe, o qual me deixou sentada na cadeira do seu gabinete, cheia de dores, enquanto ia até a farmácia buscar um medicamento. Depois de esperá-lo por muito tempo, aflita, vendo as horas correrem, com pressa de voltar no mesmo dia, a senhora do dentista mandou então uma de suas filhas procurar pelo pai, encontrando-o ainda na porta da farmácia discutindo política, tinha se esquecido de mim. Também não esperei-o mais, chamei o meu médico, o dr. Wilken que me levou a um outro cirurgião e assistiu a extração do meu dente. E assim, aliviada das dores, rumei para a estação alcançar o trem para Lençóis onde havíamos deixado os nossos animais: o Lírio e o Cravinho. Ali chegando troquei com o Acácio, sobrinho de Antoninho que me acompanhava nessa viagem, troquei o Lírio pelo Cravinho, que era muito mais esperto, e ainda dei-lhe as rédeas, não olhei para trás, deixei longe o meu companheiro, fui chegar em casa uma meia hora antes dele pensando na minha filha que devia estar com muita fome, pois ainda não tomava leite de vaca, e estava passando a chazinhos na mamadeira. Na colônia só tinha a mãe do Neno Beltramim com uma criança da mesma idade, porém como é natural, a mãe atendia em primeiro lugar a sua criança, e a minha passou fome.

Voltei completamente desiludida de São Manuel dessa vez. E não quis mesmo mais, tratar dos meus dentes naquela cidade que além de tudo ainda achava-a tão distante.

Mas, pouco tempo depois disso, fui obrigada a levar Antoninho para rasgar um panarício numa das mãos. Ele já estava há dias sofrendo dores horríveis ao ponto de insistir comigo para que lancetasse o seu dedo, e, com o freme de sangrar os animais. Nunca tinha visto aquela espécie de bisturi e de modo algum me atreveria a usá-lo para aquele fim, ele insistia, eu disfarçava, e enquanto fingia que estava amolando o bisturi, um camarada ia a galope na estrada para trazer da povoação Santo Antônio do Tanquinho, o farmacêutico Rocha. Este porém, sem a prática necessária para o caso, lancetou-lhe o dedo de atravessado, não atingindo a parte inflamada, não lhe deu alívio algum, e no dia seguinte o seu dedo tornou-se ainda mais inchado e roxo, e já não podia suportar mais as dores.

Com receio de uma gangrena, mandei a toda a pressa preparar o trole, e com muito custo pude convencê-lo de que devia ir se tratar em São Manuel.

Em caminho descia do trole, corria na frente dos animais com a mão para cima tal era o seu desespero. Fomos alcançar em Lençóis um trem misto, e durante aquela viagem, até chegarmos em São Manuel, eu ia aliviando as suas dores com cataplasmas de linhaça com óleo de amêndoa doce canforado, com o auxílio de um pratinho de folha, e de uma vela.

Em São Manuel fomos direto para o hotel do nhô Leite onde logo foi chamado o dr. Baptista Costa que o operou imediatamente. E assim, já livre de perigo, deixei-o em companhia do sobrinho Acácio, e voltei para junto dos filhos. Não podia me conformar com a falta de um bom médico na povoação, de modo que os nossos primeiros anos de luta foram acompanhados por mais essa grande preocupação. Durante esses anos tivemos ainda diversos casos de febres palustres, intermitentes e três casos fatais de febre tifo, que foram: o filho mais velho de Cavalari chamava Amadeu, o João Campeão, e um mulatinho chamado Pedro muito bom camarada, o qual tratava das criações e lidava também com carroças.

Outra moléstia terrível que apareceu numa família de caboclos que morava perto da serraria (família Bicudo vinda de Piracicaba) foi a doença do fogo-selvagem passando deles a outras pessoas da mesma família que moravam na colônia do Barracão; destes alguns morreram na Santa Casa de Piracicaba.

Como sempre, só nos ausentávamos da fazenda por motivo de doença. A primeira vez que ausentei-me por minha causa, foi quando tive uns acessos muito fortes de asma proveniente de um resfriado. Antoninho nos levou a Piracicaba e de lá, depois de termos consultado os nossos médicos conhecidos, nos indicaram os banhos quentes sulfurosos de Poços de Caldas. Deixamos as duas primeiras filhas em casa de meus pais na cidade de Piracicaba, e os dois meninos na fazenda de meus sogros sob os seus cuidados, e seguimos logo para Poços de Caldas, tendo sido essa a primeira vez que conhecemos aquela cidade. Porém não cheguei a completar os banhos prescritos pelo médico porquanto não suportei a falta e a saudade que sentia dos meus filhos, dos quais nunca tinha me separado. E, foi preciso mais tarde repetir aquele tratamento, para ficar completamente boa. Então voltamos de novo para Poços, mas dessa vez levando todos os filhos, e todos aproveitaram os banhos sulfurosos, inclusive o pai que se queixava de muita dor de cabeça. Fomos em onze pessoas contando com a pajem que foi a Gioconda irmã de Augusto Pescarolo, tendo nos hospedado no antigo Hotel do Globo, em frente ao qual, tiramos fotografias onde aparecem algumas das crianças, d. Mariazinha, Felipe, Candinha, faltando alguns dos filhos que estavam passeando e também eu, que me achava ocupada no quarto com a filha menor.

    Não poupávamos sacrifícios para tratar da saúde de todos, e Poços de Caldas ficou sendo a nossa estação de cura e de descanso.

Em Piracicaba fomos muito poucas vezes em visita a nossos pais, durante o tempo que morávamos na casa velha.

Em São Manuel que era o nosso refúgio, em casos de doenças, fomos uma vez, para assistir uma missa que mandamos celebrar quando perdemos a cunhada Carolina casada com o Augusto irmão de Antoninho. Foi a missa do sétimo dia do seu falecimento.

Os dois meninos eram ainda pequenos e nunca tinham ido à igreja. Por curiosidade, me lembrei de perguntar ao menor deles que prestava ali sua atenção, o que tinha visto na igreja, me respondeu inocentemente que gostara de ver entrar primeiro o padre, depois o filho do padre, e por fim, um homem com uma vara muito comprida e uma cuia na ponta, acendendo e apagando as velas do altar. Ele não tinha culpa de tanta ingenuidade, pois até aquela idade só tinha aprendido a brincar e a correr no terreiro.

Quando meu mano Flamínio mudou-se para São Manuel onde comprou uma fazenda de café muito perto da cidade, à qual ele deu o nome de Chácara Conquista, tive ocasião de ir fazer-lhe uma visita e ao mesmo tempo auxiliar a minha cunhada que se achava muito aflita com a sua primeira filha doente, com muita febre, e ameaçada de pneumonia, e, logo que a sobrinha melhorou, tratei de voltar para a fazenda onde tinha deixado as crianças com o pai. Nesse dia a minha cunhada recebeu a visita de sua mana d. Elizica, mãe do Ademar de

Barros que tinha vindo de sua fazenda Redenção e, logo que começou a conversar passou a se queixar das grandes travessuras dos filhos na sua fazenda, pois que não a obedeciam, que maltratavam os animais e que naquele dia tinham degolado patinhos no terreiro da casinha; minha cunhada formulou os seus protestos e eu quis fazer o mesmo, comecei por dizer à d. Elizica que os meus filhos também eram muito peraltas, que me davam muitos cuidados, mas que não eram capazes de maltratar uma pequena criação. Eu dissera-lhe ainda mais, exaltando os bons sentimentos dos meus filhos, que, até mesmo com as aranhas das paredes, protegiam-nas, alimentando-as com mosquitos demonstrando cuidados e carinho para com elas. E teria continuado ainda com o meu convencimento se naquela hora não tivesse chegado da fazenda Antoninho, que fora me buscar, alegando que estava fazendo ali muita falta, pois que os filhos não obedeciam, e que naquele mesmo dia haviam degolado dois patinhos no terreiro da casinha!

O meu desaponto não podia ter sido maior e debalde ainda procurei desculpá-los atribuindo a morte dos patinhos às rodas de ferro de uma carrocinha com a qual se distraíam ao redor da casa.

E assim paguei bem caro o meu convencimento.

Eles eram muito espertos e ativos, e não contavam com espaço dentro de casa para brincar, a casa era muito pequena.

Nesse tempo ganhei um pequeno piano Bemcombe de Toronto, debalde procurava prendê-los em casa ao som da música, preferiam sempre estar no terreiro brincando com os cachorros. Aquele pianinho assim como o telefone, causaram sucesso e furor na casinha velha da fazenda, atraindo para ela aos domingos o pessoal da colônia, uns por curiosidade, outros por gostarem de música chegando a me pedirem para tocar enquanto ficavam do lado de fora rente da calçada, ouvindo a música. Dentre eles havia alguns artistas, como o Sorze Domenico que, fora um dos que viera da Imigração, trazendo em sua bagagem da Itália, um belo instrumento, muito maior do que a sanfona e com teclados de marfim, e com ele distraía na colônia os seus patrícios.

Enquanto que, os nossos caboclos com a sua violinha dentro do saco, vinham no terreiro desafiar os companheiros com as suas trovas e modinhas improvisadas.

Me lembro sempre do mais antigo deles que foi o nhô Geronimo, caboclo já velho e que tinha diversos filhos violeiros e trovadores. Moravam numa casinha de tábuas anexa ao casarão velho da máquina de beneficiar café. Eles cantavam assim: "Papagaio loiro do bico doirado, leve esta carta ao meu namorado".

O crioulo Joaquim Olímpio que tornou-se um preto alto, esbelto, de feições delicadas, muito educado e simpático, cantava e assobiava como um rouxinol, e aprendeu a tocar sanfona, tendo se celebrizado no meio da colônia onde tornou-se muito estimado e simpatizado, ao ponto de conseguir conquistar o coração da bela italianinha a Rosa Cavalari, loira alta e de olhos azuis.

Apesar da insistência com que nos convidavam para comparecer às suas festas, não aceitávamos, porque sabíamos que acabavam bebendo e se embriagando, e sobretudo porque precisávamos impor-lhes muito respeito.

Porém nos casos de doenças e urgentes, não deixávamos de ir atendê-los na colônia. Aprendemos a fazer injeções e tivemos muitas ocasiões de socorrê-los em casa.

Com o correr do tempo foram adquirindo recursos e meios de condução, e se transportavam para a povoação de Santo Antônio do Tanquinho, hoje Macatuba onde iam procurar o farmacêutico, iam fazer suas compras e batizados, vindo de Lençóis o padre Magnani atendê-los, ou de Barra Bonita que era um padre espanhol, tendo o mesmo batizado duas de minhas filhas, e uma afilhada Diana filha do meu mano João.

A povoação de Santo Antônio do Tanquinho era muito atrasada, não havia assistência médica nem religiosa.

Levávamos uma vida muito insociável e privada. Valiam-nos os amigos que moravam em São Manuel e que vinham passar temporadas conosco.

O Vovô Toledo, cujo nome era João Aureliano de Toledo, muito nos confortou com a sua companhia na fazenda no tempo da casa velha, principalmente onde sempre rodeado das crianças, me fazia lembrar o meu pai, resolvendo e me ajudando nos arranjos da casa, no terreiro da casinha onde se entretinha fazendo cercadinhos de bambu e acomodações para as pequenas criações.

Ainda não existia a nossa última filha quando o conhecemos.

Naquele tempo os primeiros já estavam crescidos e como não tínhamos escola perto, e nem coragem para mandá-los estudar longe, mandamos vir de Lençóis uma professora de primeiras letras, chamada d. Manoelinha, por sinal que, não se habituando com a vida da roça e não tendo mesmo jeito para ensiná-los, retirou-se para Lençóis.

Depois disso, sabendo que em Jaú havia um professor pernambucano, chamado sr. Soares, procurando colocação numa fazenda, onde lhe garantissem não faltar o leite e a verdura, não fazendo questão de ordenado, mandamos propor-lhe imediatamente e oferecendo-lhe o ordenado de cem mil-réis mensais, assim como garantindo-lhe de que seria tratado conforme o seu desejo.

Aceitou e veio tomar posse do lugar nos prevenindo antes de tudo, que os seus alimentos fossem-lhe servidos bem quentes, e o leite fervido na hora.

E assim ele teve tudo o quanto desejava e mostrou-se satisfeito. Organizou a escolinha no seu próprio quarto visto não haver na casa outro cômodo que não fosse devassado.

Mas, não demorou muito para que revelasse ser ele um homem doente e neurastênico. Dava as aulas de pé e andando de um lado para o outro, com o gênio sempre irritado e se incomodando com o menor barulho mesmo fora da classe.

Pois esse professor não parecia a mesma pessoa quando alguns dos camaradas vinham em casa avisar-nos da existência ali por perto da casa, ou mesmo mais longe dela, de uma cobra venenosa para ser caçada, ele alvoroçava-se todo, abandonava a escola e saía numa debandada carregando com os alunos, caixote e laçador, não havia horário nem disciplina e não queriam outra vida que a de andar correndo atrás das cobras ou então pelo ribeirão onde com o professor improvisaram uma pequena represa e aprenderam a nadar.

Esgotada assim a nossa paciência e condescendência, despedimos o tal professor, o qual passou depois disso a bancar o jogo do bicho em São Paulo dos Agudos.

Ainda experimentamos um outro professor vindo de Lençóis, por sinal que era um senhor muito educado e que tratava os alunos com muita paciência e muito carinho. Era crente, e dava-lhes muitos conselhos, ensinava-os a cantar bonitos hinos, mas no fim de algum tempo, vendo que não conseguia nenhum progresso com os alunos, resolveu demitir-se e retirar-se para Lençóis. Chamava-se sr. Gabriel.

Foi então que resolvemos procurar um colégio para internar os dois meninos mais velhos.

Esse colégio foi em São Manuel do Paraíso e indicado pelo nosso amigo Felipe Diehl, com a vantagem de ficarem perto dos nossos amigos daquela cidade, uma vez que não podíamos nos ausentar da fazenda.

Era um colégio particular, e o seu diretor, chamava-se Ayres Zeferino de Barros da Rocha. Ele e a sua senhora d. Aninha, eram já um tanto velhos, não havia disciplina, saíam à noite levando os alunos ao circo de cavalinhos num lugar abafado e cheio de poeira, tanto que o nosso filho mais velho apanhara uma forte pneumonia, tendo-lhe valido abaixo de Deus, um médico especialista, o dr. Baptista Costa, que o pôs fora de perigo. Além disso davam-lhes para tomar, vinhos nas refeições o que reprovamos muito, e resolvemos trazê-los de novo para a fazenda enquanto providenciaríamos em São Paulo, um bom colégio para interná-los.

Nesse meio de tempo, o mais velho foi levado para a casa dos avós paternos em Piracicaba para frequentar o grupo escolar. Também não deu certo porque não era pontual, não comparecia às aulas, preferindo ir aquelas horas à beira do rio Piracicaba se reunir com outros companheiros, onde se entretinha a nadar nos lugares considerados perigosos daquele rio encachoeirado, e quando os meus pais souberam do perigo que o neto corria, apressaram-se a nos escrever avisando para tomarmos providências urgentes.

Meus pais moravam na chácara e nada podiam fazer pelo neto. Não queriam também desgostar a outra avó que já era bastante velhinha e que depositava toda a sua confiança no comportamento do neto, e foi então que resolveram nos avisar na fazenda, tendo seguido para a nossa companhia de novo, acompanhado pelo meu mano Juca.

Aconteceu porém que logo depois fui chamada por telegrama a Piracicaba por motivo de doença na pessoa da minha mãe. Saímos da fazenda de um dia para o outro, indo embarcar em Pederneiras, levando conosco todos os filhos, menos a mais velha que se achava internada em São Paulo no colégio de d. Maria Augusta Saraiva, juntamente com a prima Lavínia.

Em viagem um dos filhos adoecera com febre alta, e ao chegar em Rio Claro ele delirava. Tínhamos que desembarcar e tomar os troles da linha e seguir de qualquer forma para Piracicaba, pois o tempo estava ameaçando tempestade e chuva. Agasalhamos do melhor modo possível o nosso filho temendo agravar-se o seu estado. Quando chegamos em Piracicaba, uma outra filha que se achava ligeiramente resfriada, ardia também de febre. Tínhamos tomado uma casinha no largo do mercado, e o médico dr. Coriolano foi chamado imediatamente para medicá-los, pois ambos se achavam ameaçados de pneumonia.

Felizmente o estado de minha mãe não era grave, e ela estranhando a minha demora, foi à nossa casa, e achou que os netos estavam muito mais doentes do que ela própria.

De fato nos deram mesmo muitas preocupações mas, estando-nos juntos da família, tínhamos à noite com quem revezar e tratar dos nossos doentes.

A casa não tinha banheiro, e o médico havia receitado banhos de imersão para baixar a febre, foi então que compramos aquele banheiro grande que depois levamos para a fazenda e que em viagem pelo rio, pela Navegação, deixaram cair dentro dele algum ferro pesado, donde resultou perder o esmalte numa parte perto do registro.

Durante aquele tempo em que fomos forçados a permanecer em Piracicaba, logo depois de restabelecidos os nossos doentes, aproveitando os recursos da cidade, começamos a tratar do enxoval dos meninos que dali seguiriam para o Colégio São Bento em São Paulo, cujos lugares havíamos assegurado.

E, foi quando começamos a sentir as grandes preocupações e cuidados, com os filhos em São Paulo e longe demais para podermos visitá-los. Nossas viagens eram penosas e muito dispendiosas e não queríamos deixar a fazenda em mãos de empregados.

O colégio de d. Maria Augusta Saraiva, não durou muito, e foi preciso fazer a transferência de nossa filha para o Colégio Stafford, onde passou a frequentá-lo em companhia ainda da prima Lavínia sendo ambas umas das primeiras alunas daquele colégio em São Paulo, o qual era situado na rua de São João.

Estávamos morando ainda, os últimos tempos na casinha velha do Engenho. E ali privados da companhia dos primeiros filhos, nos esforçávamos e nos consolávamos em fazer tudo por eles, em dar-lhes a melhor assistência no colégio, não só em médicos como em dentistas os mais conceituados, além de todos os extraordinários de que necessitassem durante o ano. Enquanto na fazenda continuávamos lutando para conseguir pagar de uma vez as nossas dívidas e consolidar a nossa posição.

No ano de 1909 colhemos ali a última safra de café por sinal de que foi bastante grande e trabalhosa, 33 mil arrobas, contando com terreiros péssimos, insuficientes cuja face não favorecia a secagem. Mas vencemos.

No ano seguinte fizemos terreiros, casas de máquinas, tulhas, e a safra que foi pequena, de 5 mil arrobas, foi beneficiada nas novas instalações do outro lado, onde a casa de morada também estava sendo construída.

O açude já estava sendo feito desde 1909 assim como o grande canal acimentado que conduz a água para mover os maquinismos.

Nessa ocasião adoeci e precisei ir para São Paulo entrar em tratamento médico demorado, e portanto tivemos que alugar uma casa no largo dos Guaianases número 10, e dali a três meses tivemos que nos mudar para uma outra mais confortável à rua Duque de Caxias, 38.

Enquanto em São Paulo tratava de minha saúde, Antoninho viajava sempre para a fazenda preocupado com o serviço e com a terminação da nossa casa de morada.

E, numa das vezes que voltara a São Paulo tendo deixado tudo em ordem na fazenda, sem jamais suspeitar que a tulha nova já com as 5 mil arrobas de café em coco nela depositadas à espera de sua volta à fazenda para serem beneficiadas, estivesse sob o risco de um incêndio. Além do quê depositava confiança no administrador que era o meu primo Alfredo Ferraz de Barros.

Estava portanto tranquila em casa, quando chegou um telegrama alarmante do Alfredo: "Tulha queimada, reduzida a cinzas, prejuízo total"!

O choque foi tremendo para nós. Antoninho ficou tão nervoso e desnorteado que com muito custo conseguimos acalmá-lo, e no dia seguinte pelo primeiro trem embarcou para a fazenda com esperança ainda de salvar algum café, mas infelizmente tal não acontecera, o prejuízo tinha sido total.

Eu ainda me achava doente e aflita por não poder acompanhá-lo de perto, tinha porém uma de minhas manas me fazendo companhia e me confortando.

Alfredo havia consentido que, camaradas descuidados fossem retirar de dentro da tulha um enxame de abelhas ao anoitecer, e não tivera o cuidado de ir ver por dentro se haviam deixado cair alguma fagulha de fogo (porque os camaradas tiravam o mel afugentando as abelhas com panos queimados). Alfredo tinha se limitado a perguntar-lhes apenas, se não tinham deixado cair fogo dentro da tulha, e foi à noite se acomodar na casinha velha onde ele estava morando sozinho.

Quando de lá pressentiu o desastre, já estava irremediavelmente perdido, deu muitos tiros para o ar, tocou fortemente o sino para acordar os colonos, mas já era tarde demais; nada puderam fazer para salvar ao menos o café.

Eu não querendo me conformar de continuar em São Paulo, fui consultar um médico-operador pensando sarar mais depressa. Fui logo no mais afamado que foi o dr. Arnaldo Vieira de Carvalho, que depois de me examinar, calculou com que oito dias depois de uma pequena intervenção eu ficaria perfeitamente boa. Cheia de confiança me apressei em obter um quarto na Santa Casa quarto número 9. Esperança e coragem não me faltavam, mas me faltou o principal que foi a sorte. O dr. Arnaldo naquele dia já tinha operado em primeiro lugar, duas senhoras gravemente enfermas, as quais no oitavo dia saíram andando, descendo as escadas do hospital, enquanto que a mim, apesar de não oferecer gravidade alguma no meu caso, ao fim dos oito dias mal pude descer as escadas, foi preciso auxílio de outras pessoas e ao chegar na portaria, procurar um carro de roda de borracha para me levar para a casa, onde fui direto para a cama, sofrendo as consequências de um rim deslocado e em seguida outras complicações.

Quando consegui me pôr de pé, fui ao consultório do dr. Arnaldo me queixar e reclamar, pois ele me garantira que, em oito dias estaria curada! E qual foi o meu desapontamento ao ouvir dele a seguinte resposta: "A senhora não deve estranhar, pois isso é como uma companhia de cavalinhos que, anuncia o último espetáculo, e no entanto continua para diante". Continuei, não como artista de cavalinhos, mas como vítima sofredora e correndo via-sacra nos consultórios de outros médicos, enquanto o dr. Arnaldo acometido de uma infecção, faleceu me deixando em mãos dos seus assistentes que foram dr. Egydio de Carvalho e Ayres Netto.

Mas, continuei sempre doente, muito mais do que antes da operação que me resultou o deslocamento de um dos rins, órgão esse que não podia ser operado fixando-o, conforme me disseram outros médicos, e foi preciso que me submetesse a um severo regime de repouso e de alimentação pois estava muito magra e necessitando engordar para que o rim chegasse no lugar. Nessa luta levei três meses, depois dos quais, consegui embarcar para a fazenda onde aos poucos fui me restabelecendo.

Quando chegamos na fazenda, na casa nova, a tulha estava sendo reconstruída sobre os mesmos alicerces, e com isso fomos nos animando e nos conformando com o prejuízo.

A casa construída na face do sol, era saudável e alegre. Porém não perdíamos de vista a nossa velha casinha, depositária de tão caras recordações onde vivemos tantos anos cercados dos nossos filhos e onde as mais caras visitas de meus pais, irmãos e dos nossos amigos, quase todos já falecidos. Eu tinha um justo ciúme de minha casinha velha, ao vê-la depois habitada por pessoas tão indiferentes e descuidadas.

Acostumada a lutar, recomecei ali na casa nova a formação do novo pomar, o qual já estava adiantado porquanto eu já tinha as mudas preparadas, crescidas em jacazinhos quando morava ainda do outro lado. Elas vieram grandes e fortes para enfrentar as suas terríveis inimigas, as saúvas. E, em boa hora tive informações dos tais colarinhos de zinco que foram ótimos protetores contra as formigas, dali do meu pomar novo.

Os meus compadres Chiquinho Português e Chicão, nos deram mudas grandes e enraizadas de uvas que plantamos formando parreira, desde o portãozinho da entrada (no pomar) até a caixa-d'água. Era uma avenida alegre, produtiva e muito perfumada com as roseiras que eu plantara ali, de lado a lado da parreira.

Logo na entrada do pomar mandei erguer um ranchinho, onde eu conservava os meus apetrechos de lidar no pomar.

As sementes, as frutas maduras que ali se conservavam fresquinhas, os caixotes cheios de bananas de vez, e maduras, enfim, as frutas que faziam desordem dentro de casa, ali eram encontradas à escolha e a qualquer momento que desejassem. Tinha uma mesinha tosca para receber a bandeja de café sempre acompanhada de um bom pedaço de bolo de fubá que a minha boa velha nhá Tuda fazia tão bem-feito e que ela mesma tinha gosto de me levar no pomar, onde recebia as minhas ordens, dava umas voltinhas por perto de mim catando almeirão, espinafre que cresciam como mato debaixo das minhas árvores, colhia os cheiros-verdes, a manjerona e alfavaca que eram infalíveis no seu tempero e voltava satisfeita para a cozinha fazer o almoço.

Dentro do ranchinho eu armava sempre uma redinha de tucum (presente do meu filho falecido) essa rede era mais para enfeitar o ranchinho, pois eu não encontrava tempo para descansar, tal eram as muitas distrações que ali encontrava no meu imenso pomar, onde eu passava horas esquecidas, ajoelhava por entre as ruazinhas de mudas de laranjeiras, fazendo os meus enxertos de laranjas especiais.

O meu pomar crescia sempre, e ali mesmo debaixo da sombra de frondosas mangueiras, eu enfileirava os caixotinhos sortidos de mudas viçosas de eucaliptos (minha árvore predileta) e quando atingiam a idade ou a altura de trinta centímetros, eu acompanhava-as até o cafezal do Sebastiãozinho onde cresceram milhares de árvores saídas do pomar. Ali nunca me faltou abundância de água que corria alegremente pelo chão, cuja água eu a levava por tudo com o auxílio de uma enxadinha fazendo-a banhar demoradamente os meus pés de jabuticabas especiais. Ali mesmo ao meu lado vinham os passarinhos se banhar, sacudindo alvissareiros as suas asas, refrescando-as, para dali levantar o voo e continuar as suas tarefas nos pés de mamão, caquis, bananeiras, etc. e até mesmo dentro do meu ranchinho eles iam se associar às frutas frescas ali depositadas.

Todas as manhãs, e grande parte do dia, era onde iam me encontrar trabalhando. E recordo com grande saudade do tempo feliz que passei no meu pomar em contato com a natureza, com tudo o quanto ela tinha de maravilhoso para mim, riacho, árvores, frutas, flores, perfumes, pássaros cantando por cima da minha cabeça e o rumor encantador das abelhas no tempo da florada e o ano todo empencadas sobre as árvores sugando o precioso mel das flores. Elas também foram contempladas com um ranchinho perto da caixa-d'água, debaixo da sombra de uma frondosa mangueira e onde não me deixavam faltar os favos de mel. Dentro do meu pomar, criei todas as árvores que embelezaram a fazenda, quer de frutas, quer de arborização e de utilidades diversas, espalhadas por toda parte, nos cafezais, nas beiras dos cercados e do lago. Todas representam o grande esforço que despendi durante o ano!

As touceiras de bambus enfileiradas, reforçando os cercados. O bambu-listado de verde e amarelo com a sua rica folhagem debruçada no espaço fornecendo uma sombra fresca e saudável, onde por vezes fazíamos churrascos à beira do lago.

Ao lado da casa, protegendo-a do vento sul, fiz crescer uma majestosa touceira de bambu-gigante cuja muda foi-me ofertada pelo meu saudoso mano Juca. Tratada com especial carinho, ela subiu assustadoramente desafiando os mais altos pés de eucaliptos. Por cima dela, com destino a Bauru, passavam diariamente os aeroplanos.

Aquela touceira de bambu era para mim uma das plantas que mais me encantava, e que eu considerava como planta sagrada, não só por ter sido uma lembrança do meu mano Juca, como, em nenhum outro lugar na fazenda eu conseguiria formar outra igual. Outras touceiras menos bonitas tiveram melhor sorte que ela pois foram poupadas pelos golpes dos machados, enquanto que a touceira-mãe foi cobiçada e sacrificada para um fim duvidoso e aventureiro, me causando com isso uma grande mágoa.

Numa ocasião fiz tantos enxertos de laranjas baianas e de laranja-lima, julgando ganhar um pedaço de chão perto de uma estrada de ferro qualquer onde pudesse estender um laranjal, como prêmio aos meus esforços, mas ficou tudo em ilusão! Cheguei a trazer de Promissão, borbulhas de laranja-lima especial que me resultaram os quatro pés plantados perto da caixa-d'água.

Nessa mesma ocasião trouxe do sítio de minha irmã Augusta sementes de eucaliptos perfumados "Citro clora", não tendo porém se desenvolvido como as outras qualidades plantadas juntas, devido à perseguição de uma abelha-preta do mato, a qual desde que sentia o seu perfume, vinha sugar-lhes toda a resina atrofiando-os e impedindo o seu rápido crescimento ao lado de outras de diferentes qualidades que não eram perseguidas por aquelas mesmas abelhas.

Para fora da fazenda fiz seguir muitas mudas de laranjas, de limões-doces enxertados por mim. Elas foram ter até em Assis, na fazenda do meu cunhado Maneco Silveira, assim como aos meus vizinhos tive muito gosto de fornecer-lhes plantas criadas por mim durante o meu rico pomar. Ali não só eu tinha todas as qualidades de frutas, como reservei uma parte dele para ter fartura de canas especiais para chupar, para fazer garapa e melado, mandiocas excelentes, abacaxis pelas ruas das bananeiras, feijão-guando para sombreá-los. Nessa parte do pomar lutei muito contra as saúvas e contra os tatus que me estragavam as plantas durante a noite.

Não quero me esquecer do meu pé de caju, o mais próximo da casa. Era uma das frutas que mais eu apreciava e esse pé produziu muitos grandes e doces cajus amarelos que eu os apanhava por meio de uma latinha presa na ponta de uma vara comprida. O meu pomar era franqueado a todos os amigos, e com imensa satisfação. Preparava-lhes sempre um ambiente alegre e agradável dentro do pomar no meu ranchinho ou debaixo das árvores, para se servirem à vontade das frutas, com o direito de escolherem quantas lhes aprouvesse para levarem para as suas casas.

No tempo de minha boa cunhada e comadre Mariquinha eu tinha um prazer enorme quando podia ir levar-lhe frutas escolhidas como as primeiras laranjas-seletas e baianas que eram enormes e gostosas, elas faziam alvoroço e sucesso no meio de suas crianças. De sua parte, Mariquinha num intercâmbio muito amável e prazenteiro, me sortia a cesta, com belíssimas bananas-da-terra que eu não conseguia ter no meu pomar. Além disso minha cunhada tinha um carinho especial para cada um dos meus filhos e netos que a visitavam na sua fazenda do Perobal.

Os nossos colonos também eram beneficiados com as frutas do meu pomar. Não podendo fornecer-lhes a quantidade que desejavam, fazia-lhes um preço mínimo e a concorrência era grande.

Além do quê, aos sábados e dias feriados, eu proporcionava-lhes uma oportunidade, aos meninos e meninas que viessem me ajudar a fazer uma ordem debaixo das laranjeiras e mais alguns pequenos serviços, levando em remuneração aos mesmos, um saco com frutas.

Para os colégios, desde o tempo da casa velha onde eu tive o meu primeiro pomar, eu já dali enviava caixotes com frutas variadas e às vezes até camufladas com gomos de cana-branca macia, e até com latinhas de açúcar para apreciarem melhor os abacates. Doce de bananas, puxa-puxa, enrolados com balas em palhas finas de milho (na falta de papel próprio) pois não me apertava e o que eu queria é que seguissem para o colégio, que não lhes faltassem as boas gulodices da roça que desde criança sabiam apreciá-las.

Requeijões fresquinhos embrulhados com folhas novas de bananeira, rapaduras substituindo o melado e foi esse um dos grandes prazeres que senti, considerando-o como o melhor prêmio dos meus esforços no pomar: os caixotes de frutas que seguiam para os colégios. Não foi debalde que admirei tanto o meu pomar. Ele me proporcionou anos de gozo e satisfação, acostumada desde a infância a viver em contato com as árvores, com a natureza, achava uma maravilha aquele lugar onde nunca senti canseiras, e dizia sempre à nhá Tuda, minha velha companheira, e ela achava graça quando comparava o meu pomar com um salão de baile bem enfeitado! Não trocando-o por outra distração.

Nhá Tuda (como eu gostava de chamá-la) era como eu, apaixonada pelo pomar, tanto que, ela mesma, procurando um pretexto, ali aparecia sempre com a bandejinha de café, e descobria logo onde eu estava, ouvia de longe o barulhinho da minha enxada ou da tesoura de podar. Fazia ali uma visitinha ao seu pé de lima-da-pérsia (seu elixir de longa vida) voltava colhendo por tudo, as folhinhas de cheiro-verde, alfavaca, manjerona, coentro, etc. gostava de descer pela parreira de uvas, arrastando os seus chinelinhos, tropeçando pelas raízes e apreciando não só as frutas, verduras e também as flores que eu plantava por tudo, e voltava satisfeita para sua cozinha.

Me dedicava às plantas, não somente por não poder passar sem elas, como também para me distrair, achando-me tão longe dos filhos, os quais se achavam quase todos internados em São Paulo.

A nossa filha mais velha pouca companhia nos fez na fazenda, tendo se casado e seguido viagem para a Inglaterra, levando consigo o irmão mais velho para interná-lo em Margate. De modo que, conosco só tínhamos as duas últimas filhas aguardando a sua vez de seguirem como as outras para o colégio.

Desde então procurei me distrair com as plantas, dando--lhes mais valor que à própria comodidade de casa. E assim, atraída pela fertilidade da terra, abundância d'água e pela vontade de produzir, de ter um rico pomar, dediquei-me não somente às árvores frutíferas, como às de embelezamento distribuindo-as ao redor da casa, terreiros e parques. Outras destinadas ao reflorestamento dos cercados e beiras de estradas por tudo enfim, e até mesmo dentro dos cafezais enfraquecidos, servindo-lhes de sombreamento e mais tarde para outros fins, como postes, lenha, etc. porquanto a fazenda dispunha de pouca mata. Dediquei-me também a criações de animais por sinal que consegui uma carneirada muito sadia, que nos deram muitos carneirinhos gordos os quais reservávamos geralmente aos nossos hóspedes e visitantes. As suas lãs magníficas, da mesma forma, distribuíamos entre os parentes e amigos, ajudando-os a suportar o inverno de São Paulo. Sempre apreciei e dei valor à criação de carneiros que tivemos na fazenda.

A nossa água potável, vinda diretamente da fonte, era uma das maravilhas do Engenho. Era tão cristalina, tão pura, que dispensava o filtro, e tida por pessoas entendidas, como água radioativa, tal a sua leveza e o bem-estar que sentiam ao tomá-la, as pessoas de estômago delicado, como tivemos ocasião de observar entre as pessoas amigas que nos visitavam.

Na própria colônia, notamos que houve uma grande diferença quando passaram a fazer uso da mesma água, cuja sobra levamos por meio de encanamento até próximo às suas moradas, e aqueles casos antigos de febres foram desaparecendo. Tínhamos o cuidado de não deixar faltar recurso médico na colônia e para isso nessa ocasião procuramos contratar um médico moço do Rio, chegado há pouco em Lençóis onde tornou-se logo conhecido e procurado pelos fazendeiros da zona, firmando com eles, o posto médico em suas colônias, granjeando logo entre todas, confiança e simpatia.

Conterrâneo e amigo da família do comendador José da Silva Paranhos fazendeiros e vizinhos nossos, fácil foi-nos de obter as suas informações e contratá-lo como médico em nossa fazenda. Ali notamos com satisfação, desde a sua primeira visita, tratar-se de um médico inteiramente diferente de seu antecessor o qual, viajando a cavalo e chegando já cansado na colônia, nem sempre descia do animal para visitar dentro de casa, os doentes, limitando-se a receitar de cima do seu cavalo, espiando-os de longe pela porta. Ao passo que, o novo médico mostrando desde o começo, carinho e dedicação, atendendo-os em suas próprias camas, de onde muitas vezes retirava as crianças para melhor auscultá-las e examiná-las.

Ele atendia ao mesmo tempo, a outras chamadas extraordinárias na zona, não medindo distâncias, dificuldades e intempéries.

Progressista, adquiriu um pequeno automóvel logo que estes deram entrada em nosso país. E muitas vezes, arriscando a sua própria vida, enfrentava com ele as piores estradas para acudir a um doente. Uma noite tendo sido chamado para socorrer um doente do lado de Pederneiras, passando pelo nosso terreiro, só voltara ao amanhecer, cansado e cheio de lama, pois havia passado aquelas horas embrenhado no meio do mato procurando a casa do doente, batendo de porta em porta, onde deu de encontro com um caboclo que o recebeu de garrucha em punho, temendo que ele fosse um bandido, ou malfeitor pois aquela zona, na época era tida como perigosa. Porém o médico era moço e corajoso, e sobretudo humanitário, queria curar o doente.

Quando viera de mudança para Lençóis, não encontrara ali nenhum conforto e contava apenas com o auxílio de sua senhora, improvisando em sua própria casa um pequeno consultório.

Não se deixou nunca contaminar pela vil política da aldeia, empregando todo o seu tempo e esforços, no cumprimento de sua nobre profissão.

Dentre os muitos favores e gentilezas que lhe ficamos devendo, um mereceu nossa maior gratidão. Foi quando tínhamos levado para a fazenda o segundo neto o qual se encontrava em extrema magreza e debilidade tendo então, sido chamado nessa ocasião para examiná-lo, assim como também à sua ama, que nos parecia não estar em condições de amamentá-lo. Temíamos que estivesse explorando a criança, queríamos ter a confirmação das nossas suspeitas, tendo o médico nos atendido prontamente constatado de que se tratava de uma ama falsa e criminosa, pois além de não ter leite, ainda ensinava a criança a chupar o dedinho como para se consolar embora com o pequeno estômago vazio. Em seguida colocou o nosso netinho sobre a mesa e começou a examiná-lo abanando a cabeça por vê-lo tão lindo mas completamente desnutrido e esquelético, dependendo de um regime severo e de uma alimentação muito cuidadosa. Aconselhou-me em primeiro lugar a comprar uma balancinha onde eu devia pesar os cereais por ele receitados para depois serem bem cozidos, e uma mamadeira com graduação da quantidade que a criança podia ingerir do alimento. Tudo dependia dele aceitar e se dar bem, até que pudesse suportar o leite da vaca. Procurei executar fielmente as suas prescrições, e com grande satisfação vi o meu netinho reagir, recobrar aos poucos as suas forças, entrar francamente a tomar o leite de vaca e os mingaus na mamadeira e com pouco tempo o seu rostinho foi se tornando cheio (para não dizer quadradinho) graças aos esforços e sabedoria do nosso médico e amigo dr. Armando Aguinaga que é hoje no Rio de Janeiro, considerado como um dos mais afamados médicos-operadores.

A saudosa, nhá Tuda, num retrato tirado no jardim da Luz, com o Durvalinho ao seu lado.

Retrato tirado na fazenda, sentados na escada da varandinha, nhá Tuda carregando o netinho Antoninho, a nora Maria, e o filho Augusto, o único que morava perto da mãe.

O nosso primeiro neto, passando uma temporada conosco na fazenda, já sabia falar no telefone em Lençóis com o alfaiate Mimi.

Naquele tempo o nosso neto mais velho, na fazenda, já subia em cadeiras para telefonar em Lençóis ao Mimi alfaiate recomendando que aprontasse logo a sua farda com boné, polainas, cinturão, etc. (presente do avozinho). Foi encontrado um dia, trepado em cima de uma pilha de caixotes que ele mesmo colocara na sala de jantar para, alcançar a altura do nosso relógio de parede, queria examinar de perto o curioso cavalinho que lhe servia de enfeite, queria mais, dar cordas no relógio, virar os seus ponteiros, etc. Foi um travesso de sorte por não ter como os outros, ficado com algumas marcas pelo corpo.

Quando ele nasceu, em 7 de maio de 1913, o avô estava de viagem para a Inglaterra, tendo ido levar o nosso segundo filho para um colégio em Liverpool, na cidade de Blundellsands, e ao mesmo tempo, visitar em Londres o nosso filho mais velho que ali se achava há mais de dois anos, em estudos.

Enquanto que eu fiquei em Piracicaba prestando assistência à sua mãe, quando ele nasceu.

O neto era ainda muito criança quando saiu um dia de sua casa em Piracicaba, sozinho, e foi a uma loja comprar um dedal para a sua mãe. Era muito esperto, muito ativo e interessante. Como meu primeiro neto, chegou a me deixar orgulhosa e convencida. Naquele grupo de nossa família, tirado na chácara de minha mana Júlia em Piracicaba, quando os meus pais completaram sessenta anos de casados, o meu neto fez questão de ficar pertinho de mim.

Quando moramos na rua Conselheiro Nébias em São Paulo, o neto vinha sempre de bicicleta, à minha casa, e quando esta se estragava, ele levava-a para consertar, recomendando que fossem receber o dinheiro em casa do avozinho. Tal era a sua franqueza e confiança em casa dos avós.

Bem pequeno ainda foi levado para a Inglaterra, num colégio em Margate onde aprendeu com facilidade a língua inglesa e se adaptou perfeitamente à vida do colégio. Tinha vontade própria e muita personalidade. Deram-lhe no colégio a incumbência de levar e trazer a correspondência, que não só soubera desempenhar, como também se punha ao par de tudo o que se passava na cidade. Como bom ciclista, fazia as suas pequenas viagens sempre com o seu auxílio.

Seus pais antes de comprarem a fazenda Taquaral em Piracicaba, foram à nossa fazenda em Lençóis e de lá fomos com eles à fazenda dos Patos, pertencente a um italiano, Esbragio, a qual constava estar à venda naquela ocasião. E, não o encontrando em sua fazenda, fomos até Campinas onde ele se achava doente em tratamento. Tínhamos muito interesse que eles se colocassem numa fazenda como aquela que, além de ser muito boa, era ainda muito perto da nossa. Fomos com muita esperança que se realizasse esse bom negócio. Mas, o Esbragio, apesar de doente, paralítico, não quis vender a sua fazenda alegando que lhe dava juros muito compensadores, e foi então que resolveram voltar a Piracicaba onde compraram a velha fazenda do Taquaral.

Em 1914 eu já não suportava mais as saudades e a falta dos filhos que estavam na Europa, na Inglaterra, e pedi ao pai que me levasse, nem que fosse para voltar pelo mesmo vapor que descansava quinze dias no porto de Southampton. Quisemos então levar conosco a segunda filha que estava terminando o curso do Colégio Stafford, mas ela preferiu ficar, a fim de não perder o ano.

Em Londres reunimos os nossos dois filhos e fomos para Paris onde passamos quinze dias. Ao todo só permanecemos quarenta dias em terra, quinze dias em Paris e o resto do tempo em Londres. Ali tratamos de arranjar um correspondente em Liège pois o nosso segundo filho queria ir para a Bélgica, matricular-se numa escola de engenharia eletricista em Liège. Escrevemos ao sobrinho Branho que já se achava naquele país e que prontificou-se a nos mandar as informações que necessitávamos para encaminhar o nosso filho para lá. Enquanto o primeiro filho continuaria estudando em Londres, na escola de Pitman (comércio).

Assim, satisfeitos de poder estar em companhia dos nossos filhos, desejosos que estudassem e fossem felizes em sua carreira, deixamos tudo providenciado em Londres, devendo o nosso filho seguir por aqueles dias para Liège começar os seus estudos. Acompanharam-nos até o vapor que era o *Alcântara*, da Mala Real Inglesa, em sua primeira viagem, e em Southampton nos despedimos.

Trouxemos ótimas impressões da Europa, e tanto em Londres como em Paris, tudo corria normalmente, nada vimos e nem ouvimos que pudéssemos desconfiar que a guerra de 1914 estaria tão próxima!... do contrário, teríamos trazido conosco nossos filhos. Pois qual não foi o nosso espanto quando alguns dias após a nossa chegada no Brasil, veio a notícia da conflagração europeia! Ficamos apavorados com essa notícia, até que, depois de expedidos vários telegramas para Londres, tivemos a certeza de que o nosso filho não havia seguido para a Bélgica e se achava ainda em Londres em companhia do irmão mais velho, e que na Inglaterra não corriam perigos. Mas não nos conformando que eles ficassem na Europa, na Inglaterra, por mais que nos escrevessem procurando a nos convencer de que ali se achavam seguros, que não corriam risco algum, fizemos questão e todos os esforços para que voltassem antes que a Inglaterra fosse bombardeada. Três meses depois estavam de volta pelo *Andes* que fez a travessia às escuras por causa dos submarinos alemães.

Com eles vieram os filhos do Schmitt, os primos Conceição e outros brasileiros.

Já então tratamos de arranjar em São Paulo uma escola de engenharia eletricista contando certos de poderem continuar os seus estudos aqui mesmo no Brasil. Porém, o mais velho recusou-se terminantemente de continuar os seus estudos de comércio, alegando que, já sabia o suficiente para viver, e que iria administrar a nossa fazenda, até que se apresentasse uma ocasião de entrar trabalhando no comércio, na capital de São Paulo. E, foi para a fazenda administrando-a durante quatro anos, depois dos quais resolveu entrar no comércio em São Paulo onde iniciou as suas atividades em compras de cereais e depois algodão. E quanto ao outro filho, conseguimos matriculá-lo numa escola conceituada de engenharia eletricista como ele desejava. Essa escola era situada na rua Bento Freitas, ou Rego Freitas, perto do largo do Arouche. Parecia ser muito boa e o nosso filho estava estudando e seguindo satisfeito o curso da escola, quando aconteceu falecer o seu lente catedrático. Foi substituído imediatamente, porém o meu filho se indispôs com o novo lente e não o podia suportar. Infelizmente não conseguimos convencê-lo de que devia tentar e prosseguir nos estudos, e não conhecendo em São Paulo outra escola de engenharia, no ramo que ele escolhera, resolveu também ir trabalhar no comércio, deixando definitivamente os estudos.

Eu principalmente fiquei muito contrariada e preocupada de vê-los abandonar os estudos tão cedo, pressentindo que iriam encontrar sérias dificuldades na sua vida, embora tivéssemos com que auxiliá-los. Receava os contratempos, e estes não faltaram, além do quê as nossas despesas iam aumentando com a educação esmerada que procurávamos a dar aos filhos, não só nos colégios, como depois em casa onde todos tiveram professores particulares em aperfeiçoamento aos estudos do colégio, como professores de piano, canto, violino, violoncelo, de pintura, de francês e inglês, e até a nossa própria língua, com a amiga Sílvia Ferreira da Rosa.

Ao filho que cursava a Escola Politécnica, facilitamos os seus estudos, com o valioso ajutório do primo José de Barros Saraiva, além dos cuidados especiais que lhe dispensamos com grande interesse e dedicação pela sua saúde e pelos seus progressos.

As estações de águas, em benefício de todos, também nos foram bastante dispendiosas.

Para não deixarmos a fazenda muito tempo em mãos só dos empregados, quando residíamos na rua Conselheiro Nébias, 112, contratamos a minha prima Cota, filha do tio Juca de Santos (viúva) para assumir a direção da nossa casa, e prestar boa assistência a todos, enquanto íamos ficar na fazenda por algum tempo, assistindo a colheita do café.

Já tínhamos sofrido aquele primeiro contratempo com o incêndio de 1910 em nossas tulhas e casa de máquina, e tínhamos sempre receio que os empregados se descuidassem dessa parte importante da fazenda. O maquinista abusava do álcool e do fumo e tínhamos razões de nos preocuparmos com os cafés entulhados. Mas, o tempo foi passando, tudo correndo bem, já não nos preocupávamos tanto como antes. Passamos em São Paulo, a morar na avenida Paulista procurando melhorar sempre a nossa situação e a dar maior conforto aos nossos filhos. Em seguida fomos obrigados a comprar essa mesma casa para não irmos parar na rua, ou, termos que procurar outra em lugares que dificilmente nos agradariam.

Em 1920 após termos terminado uma colheita de 12 mil arrobas de café, com as tulhas cheias até em cima de cafés em coco, com mais umas oitocentas sacas de café despolpados guardados na casa de máquina ao lado da tulha, faltando apenas mais quinze dias para terminar o movimento do terreiro, fomos de novo vítimas de outro desastre.

Nessa ocasião tomava conta da fazenda, o nosso filho falecido, que havia se casado de pouco. Ele tinha urgência nessa ocasião de se retirar da fazenda para tratar dos seus dentes, e avisou o pai que o guarda-noturno, o genro da nhá Tudinha, Tonico Honório, havia pedido licença para fazer uma pequena viagem, e consultou qual outro ele poria em seu lugar guardando o terreiro, as tulhas, etc. Tendo o pai lhe respondido que outro qualquer dormiria de noite, que nesse caso era preferível ficar assim mesmo, isto é, sem o guarda--noturno, disse ao filho que iria a São Paulo me buscar para fazer-lhe companhia durante os quinze dias que ainda faltavam para terminar a colheita, e que logo que chegássemos na fazenda, o filho poderia se retirar para tratar de sua saúde.

Assim ele fez, indo a São Paulo me buscar, deixando na fazenda o filho preocupado, sem o guarda-noturno. E foi o quanto bastou para acontecer durante uma noite, pegar fogo na tulha, o segundo incêndio no mesmo lugar com a diferença de um dia para completar dez anos após o primeiro incêndio que se dera a 6 de agosto de 1910, e este, a 5 de agosto de 1920, e com a grande diferença de prejuízo que desta vez foi incomparável.

Estávamos predestinados a presenciar de perto a catástrofe, pois, ao embarcarmos em São Paulo, por um minuto a mais não entraríamos dentro do trem que dava sinal de partida, mas, o destino tem muita força! Chegamos em

Pederneiras muito cedo, numa manhã muito fria, e com a pressa de embarcarmos em São Paulo, nos esquecemos de levar agasalho. Na estação de Pederneiras tomamos o nosso Fordinho aberto, e para nos protegermos do vento frio que fazia na estrada, nos envolvemos em folhas de jornais, íamos contentes, despreocupados e até cantando, sem suspeitar jamais, a grande provação que nos esperava naquele dia!... e quando fomos nos aproximando da casa, ainda estávamos no alto do cafezal, avistamos apavorados àquela hora da manhã, uma densa fumaça preta que se erguia a grande altura, e dentro dela subiam línguas de fogo, dando para vermos que não era na casa de morada como pensamos a princípio, mas, a tulha de café! E ali rente do fogo encontramos o nosso filho já exausto de tanto correr de um lado para o outro da tulha a fim de ver se encontrava um jeito de arrombar a tulha para salvar ao menos os cafés! Já tinha dado tiros de carabina, mas de jeito nenhum conseguiu arrombá-la. O seu primeiro cuidado logo que deram o alarme, foi o de procurar encaminhar a água que tínhamos de sobra no terreiro, com altura mais do que suficiente para alcançar a tulha e a quantidade de água era enorme, daria para extinguir num instante o fogo. Mas, infelizmente não deu tempo de aparelhar as bicas condutoras da água, e a tulha ruiu inteira sobre os cafés, com telhas-francesas despedaçadas e em brasa; a pouca água que os camaradas e colonos formando fila, iam passando de um para o outro, em latas e vasilhas quando chegavam até em cima, a metade da água já tinha derramado pelo caminho. De modo que não dando para apagar de todo o fogo, aquela água ainda prejudicou o café deixando-o impregnado de fumaça e cozido. E, daquele jeito, com os cafés molhados, quentes e cheios de pedaços de telhas fumegantes, os colonos num gesto de heroísmo, iam ensacando-os e transportando-os nas cestas até o terreiro. Essa luta durou três dias, pois eram 12 mil arrobas!... e para caber todo o café no terreiro foi preciso acumulá-lo tornando-se difícil demais removê-lo e enxugar. Organizei imediatamente uma turma de meninos e meninas da colônia para me ajudar no terreiro, e cada um deles com um saco de estopa, eu na frente abrindo com os pés, sulcos, no café que media uns dois palmos de altura do chão e os meninos atrás, catando os corpos estranhos, como telhas, dobradiças, parafusos, pregos e outras ferragens que faziam a segurança da tulha. Urgia aliviar aqueles cafés para poderem ser abanados em parreiras, quando secassem, e aqueles meninos me ajudavam muito, desde muito cedo estavam atentos ao meu chamado que era por meio de uma bandeirinha branca que eu hasteava-a na frente da casa. Com eles retiramos muitos montes de ferragens de dentro dos cafés espalhados no terreiro. No primeiro dia fiquei com as pernas muito doídas, depois me acostumei, era muita a força que eu fazia para abrir com os pés aquelas leiras do terreiro, do contrário era impossível retirar tantas ferragens dos cafés, com os rodos não se conseguiria fazer nada, tal era o seu peso.

À tardinha eu despachava os meninos no meu pomar, enchendo-lhes os sacos de laranjas e de outras frutas como bananas que apreciavam muito, e iam contentes com aquela pequena remuneração.

No fim do dia, todos no terreiro estavam pretos de carvão, de tanto pisarem sobre aquelas madeiras queimadas, no meio do café. Solas de sapatos por toda a parte.

Todos trabalhavam contristados e compenetrados com o prejuízo e o trabalho que os seus patrões estavam tendo em conjunto com eles.

Durou um mês a luta que foi titânica. Deus nos ajudou que não choveu durante esse tempo e até que transportássemos todos os cafés queimados para a fazenda do meu mano Juca, que teve a grande bondade de aceitá-lo para beneficiar em sua máquina com prejuízo da mesma, porquanto aqueles cafés, por mais bem escolhidos, ainda levaram pregos e pedaços de ferros. Esses cafés no fim, só alcançaram a bagatela de cinco réis por arroba.

O nosso filho nos ajudou a acomodar todo o café no terreiro, depois do quê, tivemos pressa que ele fosse tratar de sua saúde que não deixou de se ressentir, dos esforços que fizera para extinguir o fogo. De modo que ficamos sozinhos lutando na fazenda. Antoninho se impressionou tanto, e à noite tomado de cansaço, gemia tanto não me deixava conciliar o sussurro, foi preciso usar de energia com ele até que se convenceu de que não adiantava nada gemer nem ficar aborrecido, pois poderia ter sido pior, se em vez da tulha, fosse em nossa casa o incêndio, àquela hora em que ainda dormiam. Procurei encorajá-lo lembrando que ainda éramos moços, com bastante saúde, que não podíamos nos desanimar pois a nossa missão ainda estava em meio do caminho. Lembramos de trazer a família de novo para a fazenda durante o tempo que fosse preciso, até recuperarmos o nosso prejuízo, mas os dois filhos que nessa ocasião faziam companhia às irmãs em São Paulo, acharam que isso não ficaria bem, pois dava a impressão de que estávamos quebrados; achamos razoável e nos conformamos a passar sozinhos na fazenda durante alguns meses.

    A filha mais velha estava de passeio na Inglaterra nessa ocasião, e, justamente naqueles dias em que se deu o incêndio, recebemos um telegrama seu, pedindo-nos que lhe remetesse cem contos, no que foi imediatamente atendida, pois como era natural tivemos receio que fosse por motivo de doença ou de viagem antecipada por alguma razão.

    Ela não sabia das aflições por que estávamos passando na fazenda, além do quê, tinha o direito de pedir aquela quantia que deixara nas mãos do pai. Nessa ocasião ele se comparou a uma formiga cortada pela cintura, tentando caminhar apenas com a cabeça e com algumas perninhas da frente. E, não foi só ele, no final da luta comecei a sentir uma tristeza, uma espécie de tédio ou desânimo e teria talvez fraquejado se não viesse por sorte cair em minhas mãos um livro intitulado justamente *Valor* (de Wagner) que de fato muito me reanimou com a sua leitura salutar, recobrei o ânimo e a confiança no futuro, e em poder vencer e alcançar todos aqueles ideais que vinham me acompanhando desde o começo da vida, me enchendo de coragem.

A fazenda ainda estava na força de sua produção, dependendo apenas, e em parte, de uma boa adubação; com os cafezais sempre bem tratados, colonizados e, isentos naquele tempo da terrível praga: a broca.

Não havia portanto, motivos para nos desanimarmos, por grande que tivesse sido o nosso prejuízo.

É que pensávamos muito nos filhos, queríamos ter o suficiente para dar a cada um, um começo de vida, não queríamos que passassem pelos trabalhos que passamos no começo de nossa vida.

Entretanto o pai teimava ainda em se comparar com a formiga. E, assim, ele levou muito tempo para se conformar e para adquirir de novo a confiança que até então ele tinha na fazenda.

Eu mostrava-lhe aquela extensão enorme de bons cafezais, no espigão atrás da colônia, os quais já tinham nos dado tanto dinheiro, e que apesar de na realidade não serem cafezais frondosos, contudo ainda davam um ano pelo outro muito boa média, tanto assim que, fazendeiros de outras zonas, como de Ribeirão Preto, fizeram questão em obter sementes dos nossos cafezais. E, apesar de não terem sido adubados convenientemente, alguns anos depois produziram uma safra de mais de 60 mil arrobas de café, pelo qual apuramos 2 400 contos de réis.

Até mesmo depois de invadida pela praga da broca, a fazenda não dava prejuízo.

Muito dinheiro foi desviado e desperdiçado com plantações de algodão, ficando provado que essa planta não dava lucros e ainda sobrecarregava de serviços extraordinários aos colonos que tratavam dos cafezais e das suas colheitas na mesma época. E ficou provado ainda de ser um grande crime, substituir cafezais formados pela cultura aventureira do algodão.

Antes de contrairmos a dívida para com o Banco do Estado, para salvar a situação do filho, tivemos alguns anos de relativa folga e gozo, foi quando viajamos para a Europa, levando as nossas filhas conhecer parte da Europa, não só em viagem de recreio, como em complemento da educação, de instrução, tendo sido esse, um dos maiores prazeres que tivemos na nossa vida, o de proporcionar-lhes tão bonitos passeios na Inglaterra, França, Suíça, cuja recordação lhes será sempre grata.

Outro grande prazer que tivemos durante as nossas viagens à Europa, foi o de termos podido trazer muitos presentes finos, aos filhos e principalmente aos nossos netos. Ninguém poderia tê-los feito com maior satisfação. E, por esse mesmo motivo, muito tenho sofrido, habituada como antes, nos bons tempos, comprar tudo o que eu via, podia e cobiçava para ofertar-lhes, e há muitos anos que me vejo privada desse gosto, chegando a desviar os meus olhos das vitrines para não contemplá-las, uma vez que já não podia fazer como antes nas grandes galerias de Londres e de Paris onde eu entrava radiante fazer as minhas escolhas. Portanto, jamais me conformaria em penetrar numa loja qualquer onde nada encontraria que satisfizesse o meu desejo.

Desde então procurei sempre, compensar essa falta, com demonstrações de carinho que no meu modo de pensar, valiam ainda mais que um simples cortezinho de chita comprado nem que fosse em lojinha de turco.

Numa das últimas viagens que fiz à minha fazenda Engenho, preparei com cuidado e carinho, mudas garantidas do meu bambu-gigante, despachando-as bem-acondicionadas para a estação de Bandeirantes, destinadas ao embelezamento da fazenda dos netos, assim como alguns dos últimos colarinhos sobreviventes do meu pomar, fiz seguir para proteger as suas plantas dos estragos das formigas.

Na mesma ocasião preparei com cuidado uma quantidade apreciável de painas colhidas por mim, e mandei-a a um dos netos para que tivesse um acolchoado macio sobre o seu colchão, sentindo imenso prazer por tão pouca coisa!

COMO ERA ANTIGAMENTE, E COMO CONSEGUIMOS AUMENTAR A NOSSA FAZENDA DO ENGENHO

Em 1896 quando fomos de mudança para Lençóis éramos donos da terça parte das terras da fazenda.

Tendo nessa ocasião se retirado da sociedade, o meu cunhado José Cândido, escolheu para ele as terras do Brejão e alguns mil pés de café, dos primeiros existentes na sociedade.

O terceiro sócio que foi o meu cunhado Joaquim Antônio, não querendo mais continuar na sociedade, nos vendeu a sua parte na ocasião em que havia empreitado por sua conta a plantação de 15 a 20 mil pés de café, cujo empreiteiro fora o Francisco Pereira dos Santos, vulgo Chicão, o qual trouxera na ocasião um outro português que era seu compadre e que trabalhava na cidade de Taubaté como hortelão num colégio de freiras, e também um cunhado deste chamado Alexandre, moço novo e trabalhador.

Com este pessoal valoroso, o Chicão conseguiu formar os cafezais que tomaram o nome de Café do Português.

Esses cafés, já pela grande fertilidade das terras, e pelo fato desta não ter sido queimada depois da roçada e derrubada a sua mata, tendo sido batida à foice e à enxada, o café foi plantado assim em terra virgem.

Dali a exuberância com a qual cresceram aqueles mil pés de café, os quais desde o terceiro ano abotoaram para florescer, e quando foi no quarto ano, justamente no ano em que o empreiteiro espera colher uma boa safra para depois entregar o cafezal ao seu dono, eis que uma geada caiu sobre ele, queimando-o até as raízes.

E assim, a mesma pessoa, que dias antes estivera em nossa casinha, descrevendo cheia de entusiasmos os seus cafés vigorosos e excessivamente florescidos, e que em má hora usava de uma comparação que merecera a nossa censura, disse-nos ele que o cafezal havia florescido "como uma desgraça".

Viera depois disso, desesperado e inconsolável sob o peso daquilo que havia chamado de desgraça.

O seu trato com o meu cunhado era o de entregar-lhe o café formado no fim dos quatro anos. E agora cheio de desilusão e de dúvidas! O meu cunhado se achava em Piracicaba, e de lá mesmo escrevera uma carta ao Chicão que não receberia os cafezais assim como estavam em esqueletos, só os receberia depois de refeitos.

O homem vinha quase todas as noites em nossa casa e ficava durante horas se lastimando, não se conformava com o prejuízo, queria ao menos reparti-lo com o dono dos cafezais. Este porém prevaleceu-se até o fim com a fórmula do contrato que lhe dava o direito de exigir a entrega de cafés formados.

O Chicão por sua vez teve receio de questionar, era homem falido, valendo-se do nome do seu compadre Francisco Freitas.

O meu cunhado, aborrecido com a situação, resolveu nos vender a sua parte na fazenda, e ficamos responsáveis perante o empreiteiro o qual continuou ainda por algum tempo tratando dos mesmos cafezais, e num belo dia, numa madrugada, reunindo os seus cobres, e mais os do seu compadre que tanto o havia auxiliado, bateu retirada para bem longe de Lençóis.

Nessa ocasião, Felipe Jacob Diehl, que ainda não era compadre nosso, mas que já conhecia bem a nossa fazenda, quis comprar a parte do meu cunhado e ficar nosso sócio. Porém achamos melhor ficar sós, arranjamos dinheiro com o meu tio José Ferraz de Camargo e compramos a parte do nosso cunhado Joaquim Antônio.

O Acácio sobrinho de Antoninho, possuía cinquenta alqueires de terra em nossa divisa com a fazenda dos Patos, cujas terras, tendo ele nos vendido, trocamos com terras e cafezais do vizinho Raimundo.

Mais tarde compramos o sítio do Sebastiãozinho e depois o do Amantino.

De modo que fomos aos poucos aumentando a nossa área de terras e de cafezais.

Poderíamos ter comprado também o sítio do Evaristo Gonçalves, e o do vizinho Siqueira, mas, faltou-nos coragem na ocasião.

Teria sido mil vezes preferível à compra que fizemos do Sebastiãozinho, o qual além de fora de mão, as terras eram inferiores.

O Evaristo havia nos oferecido o seu sítio por 23 contos, e o Siqueira, 6 ou 7 contos. Nessa ocasião nos lembramos do cunhado do Elias Silveira Bueno, escrevemos-lhe contando do alto negócio, porém não se inclinou.

Mata virgem só possuíamos aquela acima do tanque. Porém tínhamos outras matas compostas de árvores colossais de madeira de lei como perobeiras, cabreúvas, caviúvas, etc. outras tantas de madeira leve como cedros, tamboris, figueiras, jangadas, jequitibás, etc.

Como vestimenta de terras boas tínhamos dentro das matas e pelas invernadas, muitas árvores de ceboleiro, pau-d'alho, etc.

Plantamos os nossos cafezais no espigão mais alto da fazenda, mais batido de sol, mais livre de geadas, e onde as terras eram as mais apuradas. Lutamos contra a parte pedregosa da lavoura, repartindo uma pequena parte dela a cada colono. Eles aceitavam porque era onde produziam mais as suas culturas de milho, arroz e feijão.

As terras mais fracas que temos na fazenda são justamente as dos dois últimos sítios que compramos do Sebastiãozinho e Amantino.

Uma coisa que sempre me encantou na fazenda foi a grande abundância de águas e muito boas todas.

Temos a pouca distância da serraria uma queda-d'água, e mais abaixo desta, na divisa com o Raimundo, uma outra queda-d'água muito mais alta.

Além das águas correntes, a fazenda possui muitas minas brotadas entre pedras pelas barrocas, sendo a mina mais preciosa, a que captamos para o nosso uso, vinda diretamente para a caixa-d'água, sendo que nunca diminuía a sua quantidade e nunca se encontrou nela a menor impureza tanto assim que dispensou o filtro.

A que passa pelo meu pomar serpenteando-o, me permitiu regá-lo sempre e dar bons frutos, mesmo nos anos de maiores secas.

Essa mesma água ia cair no terreiro no lavador de café durante o tempo da colheita.

A fazenda do Engenho possuía a maior parte de seus cafezais na face boa do sol e em altitude elevada, livre de geadas. Possui um clima muito ameno e agradável. Um pôr do sol que é uma maravilha! Um grande céu aberto e estrelado como em nenhum outro lugar, e uma lua majestosa apontando e subindo por cima do velho telhado da garagem, por entre as ramagens das árvores que se avista da varandinha da casa, do pinheiro, dos eucaliptos e das paineiras.

Tudo quanto plantei naquele chão, cresceu e subiu. Olhem para esta fotografia do meu malogrado bambu-gigante, nunca mais verei outro igual!

Uma maravilha que desapareceu de minhas vistas depois de tantos anos de estima e de admiração. Depois de fotografada ainda cresceu muito mais, além do encantamento que dava ao lugar, protegia a casa do vento sul. Esse caminhozinho era ladeado por touceiras de rosinhas cor-de-rosa.

Vê-se na frente do bambu, um lindo pé de casuarina.

COMO RECURSO EM CASOS DE DOENÇAS

Tivemos um farmacêutico já idoso e prático, o qual morando antes na fazenda do Nhonhô de Salles, estabelecido ali na beira da estrada, com uma pequena farmácia, mudara-se mais tarde para o nosso bairro, para a povoação de Santo Antônio do Tanquinho, hoje Macatuba.

Chamava-se ele Anacleto Pereira da Rocha. Atendeu-nos pela primeira vez na fazenda quando o nosso terceiro filho que contava alguns meses de idade, fora acometido durante o período da dentição, por uma forte gastroenterite, nos dando sérios cuidados, tendo então o farmacêutico lhe receitado uma poção muito acertada que eu fazia o filho tomar de quinze em quinze minutos e no fim do terceiro dia ele reagiu e ficou livre de perigo. O seu estado debilitado na ocasião, não permitindo como alimento o leite de vaca, foi suspenso e substituído pelo leite de égua. Esta era um animal de raça que possuíamos e que, providencialmente, tinha uma cria nova. Traziam-na na porta da nossa casinha velha, onde eu mandava que lhe prendessem uma das mãos e um dos pés, conseguindo assim com facilidade tirar-lhe o leite, dando-o ainda com o calor natural ao filho para tomar, até que se fortalecesse e pudesse voltar de novo ao leite de vaca.

Uma outra vez foi chamado para rasgar um panarício. Estava Antoninho há vários dias sofrendo muito com uma inflamação no terceiro dedo da mão, e não podendo mais suportar das dores, insistia comigo para que o lancetasse com o freme de sangrar os animais, foi quando mandei às pressas um camarada na povoação, buscar o farmacêutico para fazer-lhe aquela operação com o seu bisturi, mas que infelizmente não dando certo, e tendo se agravado o seu estado cheio de dores, foi preciso levá-lo imediatamente para um médico em

São Manuel do Paraíso, o qual no mesmo instante o aliviou das terríveis dores, lancetando profundamente o seu dedo.

Esse farmacêutico morou vários anos em nosso bairro prestando a todos, muito bons serviços, até que apareceu ali o primeiro médico.

TIVEMOS COMO VIZINHOS NO ENGENHO

Em primeiro lugar o meu cunhado *José Cândido da Silveira Corrêa* morando a poucos quilômetros de nossa casa, tendo os seus cafezais unidos aos nossos no alto do espigão, olhando para o lado do rio Tietê.

João Carlos da Silva Telles, era nosso vizinho muito próximo e para o lado de Pederneiras. Já tinha a cabeleira e barba toda branca quando o conhecemos. O seu filho Baptista era ainda menino de calças curtas quando veio em nossa casa pela primeira vez, acompanhado de um pajem a cavalo, tendo sido mandado pela família para comprar café beneficiado para o gasto de sua casa. Baptista foi a primeira pessoa da família que nos procurou e que ficamos conhecendo.

O nosso segundo filho tinha apenas cinco meses de idade quando fomos pela primeira vez à sua fazenda, levando o nosso filho ao colo. Ao chegarmos à porta de sua casa, vieram me ajudar a descer do meu cavalo que era muito manso, porém muito alto. Era inteiro branco e chamava-se Lírio.

Ricardina tomando logo sob seus braços o nosso filho, levou-o para o seu quarto acomodando-o sobre a sua cama, e quando chamei-o pelo apelido, notei que Ricardina se emocionara muito. Havia perdido recente e tragicamente o filho primogênito ao qual chamavam-no de Nonô, com o mesmo apelido do nosso.

Passado aquele primeiro momento de saudade e de recordação, Ricardina procurou se refazer agradando e acariciando o nosso filho, pedindo que o chamássemos sempre por aquele apelido.

Chamava-se Rufino o seu filho. Perderam-no afogado no rio Tietê quando moravam naquela cidade do mesmo nome, pouco antes de se mudarem para a nossa zona.

Ricardina desde então tornou-se espírita, tinha ilusão de que via e conversava com seu filho, e assim ela procurava viver mais conformada.

Era muito sofredora, reumática, raríssimas vezes saía de casa ou fazia viagens.

O sr. Telles era o contrário, viajava sempre para São Paulo onde tinha irmãos e sobrinhos. Recebia-os também em sua fazenda. Antonieta Rudge, a nossa grande pianista era sua sobrinha tendo ido a sua fazenda visitá-los. Tinha um irmão comissário em Santos, na firma Telles Quirino & Nogueira, para onde remetemos os primeiros cafés colhidos no Engenho.

Sr. Telles assim como seus filhos eram corteses e sociáveis, visitavam-nos sempre.

Tendo sido veterano da Guerra do Paraguai, sabia cavalgar com garbo e elegância. Era um senhor de fino trato, não se adaptou muito bem ao contato do pessoal rude da roça, daquele tempo, sobretudo na sua zona de Pederneiras, onde morava. As suas terras eram as melhores da zona. Possuía uma cachoeira lindíssima dentro da mata virgem, e a estrada que separava as suas terras, das nossas, ou antes, por onde atravessávamos para chegar até a sua fazenda, era também ladeada por mata virgem.

Com os anos, doenças e dificuldades, resolveram vender a fazenda e passaram a residir na cidade de Pederneiras, indo por último morar em Bauru ao lado de sua única filha Anna Fortunato da Silva Telles (Zuquita) onde viveram os seus últimos anos.

Os seus três filhos homens, acima da Zuquita são, o mais velho, Paulo, depois o Antônio (Télico) e o Baptista. Este último há muitos anos passou a morar em Campinas prestando as suas atividades na fazenda Chapadão. Tendo sido desde o tempo em que morou em sua fazenda, perto de nós, muito amigo, tanto ele como Alice e seu filho Baptistinha, conservamo-los em nosso íntimo com profunda e saudosíssima recordação.

Outros vizinhos mais distantes como na fazenda do Porto, da família do Nhonhô de Salles, nunca podíamos ir passear. Archimedes Cajado e d. Vitalina Penteado raríssimas vezes, assim como o Joaquim Ignácio e o José Pedro Xavier. Este senhor chegara a negociar uma parte dos cafés do barracão numa época em que lutávamos com dificuldade, mas se arrependeu e não tivemos sorte de conservá-los.

COMENDADOR JOSÉ DA SILVA PARANHOS

A sua fazenda era perto de Santo Antônio do Tanquinho, depois Bocaiuva e hoje Macatuba. Era dividida em três sedes: Irara, Santa Ana e Jureima. Seus cafés embarcavam na estação de Areia Branca, ou de Alfredo Guedes.

Era uma fazenda muitíssimo boa, muito grande, mas de difícil colonização.

O comendador Paranhos pouco tempo permaneceu em sua fazenda, indo com sua família morar no Rio de Janeiro em seu palacete na praia Vermelha, situado no alto do morro ao lado do Clube de Regatas, deixando porém a sua fazenda entregue aos filhos, genro e a um administrador de nome Souto.

Antes de se retirar para o Rio, o comendador em companhia do seu filho Zezé e de sua nora Carmen, foram um dia nos visitar na casinha velha. Muito bem cavalgados, o comendador pareceu-nos um senhor ainda bastante forte, muito fino e simpático. O seu filho um belo e elegante rapaz, e a sua nora uma moça morena, linda e encantadora. Trajava um amazona de gabardine xadrezinho de branco e preto. A sua visita nos deixou encantados e presos de simpatia. E até mesmo o nosso cão perdigueiro o Guarani querendo demonstrar a sua simpatia, acompanhou-os até o alto do nosso cafezal.

RECORDANDO COM SAUDADE E GRATIDÃO, OS COLONOS MAIS ANTIGOS DA FAZENDA DO ENGENHO

Cavalari
Foi ele um dos que vieram da Imigração no ano de 1896, acompanhado da mulher e de muitos filhos. Eram eles, Amadeu, Bepi, Pedro, Rosa, Elvira, Gija e um casal de gêmeos que morreram logo que chegaram na fazenda. Eram crianças de braço, não resistiram ao crupe. O primeiro também faleceu poucos anos depois que chegaram da Itália, foi vítima de febre tifo. O nono filho nasceu na fazenda, que foi o Joaquim.

    Cavalari foi muito sofredor tendo perdido além desses três filhos, o Bepi, que foi vítima de desastre no caminho da roça no sítio de seu pai, tendo caído sobre ele, uma árvore de pau-marfim. Depois perdera o Pedro que era casado com a Gioconda Pescarolo, perdera o genro Joaquim Olímpio e a sua mulher.

Maria, chamava-se a sua mulher, era muito simpática e bonita, e não muito amorosa. Tiveram como gêmeos a Elvira com a Gija, e o casalzinho que morreu.

Cavalari era muito loiro, baixo e magro, de olhos azuis. Foi um colono muito bom, amigo e trabalhador. Tendo plantado e formado 72 mil pés de café amarelo, bourbon, recebeu em pagamento do seu serviço, os dez alqueires de mato onde plantou cafezais, fez boa casa de morada e vivia ali satisfeito com a sua família quando lhe sobrevieram os maiores contratempos, vindo também a falecer. O sítio porém continua em poder de seus filhos e genros.

Pescarolo
Era o pai de Antonio e de Augusto, os quais eram ainda pequenos quando chegaram da Imigração, tanto que levava-os na minha garupa como companheiros quando ia com a minha espingarda de fogo central, calibre .32, esperar numa roçada cheia de galharadas secas, as pombas-do-ar que ali vinham comer o milho do chão.

Pescarolo era muito bom colono e teria vivido mais tempo se não tivesse abusado do álcool. Seus filhos porém não bebiam, o único que abusava um pouco era o Antonio tanto que, apesar de pouco, agravou-lhe a saúde, vindo a falecer ainda moço. Foi muito bom camarada para todo o serviço da fazenda e de muita confiança. Assim foi ele, desde carroceiro, troleiro e mais tarde chofer. Trabalhou muito tempo com o trator arando a terra, com os caminhões e com o automóvel, e raramente esses veículos encrencavam em suas mãos, pois era habilidoso e entendia de mecânica.

Esforçado, trabalhador, muito honesto, conseguiu deixar bem a sua família, composta de muitas mulheres, e de um só filho o qual nasceu gêmeo, e os quais ele veio um dia em casa nos pedir licença para dar-lhes os nomes de Irene e de Irineu.

Tanto a Ernesta sua mulher, como todas as suas filhas, foram muito valorosas tendo-o auxiliado muito com o seu trabalho tanto em sua fazendinha que é situada em nossa divisa, como também prestando muitos serviços em nossa própria fazenda, durante e fora das épocas das colheitas de café.

O Augusto Pescarolo, seu irmão, com o tempo tornou-se o nosso fiscal, tendo sido sempre muito correto e cumpridor dos seus deveres e durante muitos anos.

Pescarolo tinha duas filhas, Maria e Gioconda. Teve ainda uma outra filha chamada Bepi. Todos eles foram bons carroceiros, aradores, camaradas para todos os serviços da fazenda.

Reginato
Era o pai do Victorio, tinha poucos filhos, colono bom e trabalhador, mas durou pouco, tendo sido um dos primeiros a desaparecer.

Contiero
Também tinha a família pequena porém trabalhadores, pacíficos e estimados dos patrícios.

Antônio Beltramim
Era conhecido por Antônio Moura, por ser muito moreno. Era bonito de feição e muito simpático. Também abusava da bebida e não durou muito tempo. Era o pai de Gijo Moura e do Neno Beltramim. O Gijo casou-se com uma filha do Veronez e o Neno com Júlia filha do José dos Santos, irmã da Maria viúva do João Campeão.

Sorze Domenico
Era o mais desembaraçado dos que chegaram da Itália, tendo sido colono durante muitos anos no Engenho, ganhara dinheiro, se estabelecendo com um açougue na cidade de Pederneiras, devendo existir ainda. Era o que tocava, e distraía os patrícios na colônia.

Marzento
Foi um dos colonos muito antigos da fazenda, bom e trabalhador como os demais.

Baptista Scola
Também foi dos muito antigos, da turma dos que trouxemos da Imigração.

Veronez

Foi o pai do camarada João Veronez o qual viciado no álcool, era desordeiro, chegando a assassinar um negociante chamado Oliva, em Santo Antônio do Tanquinho (hoje Macatuba), tendo sido preso durante muitos anos, vindo a falecer na própria cadeia.

O pai ao contrário, era um bom homem e um bom colono. Sua família era pequena.

Manuel Português

Foi quem formou o cafezal do barrocão, café esse de uma produção ainda maior que o formado pelos portugueses Chicão e Chiquinho devido às suas terras serem de muito melhor qualidade, assim como colocado em melhor face do sol.

Todos esses empreiteiros portugueses foram muito trabalhadores, nunca nos deram preocupações e foram nossos compadres e amigos.

João Domingues

Foi um dos empreiteiros e colonos que prestou muito serviço na fazenda. Sua família era grande e todos trabalhavam na roça. Moravam numa casa perto da colônia da olaria, encostada com o sítio do preto Eleotério, nosso vizinho. Era uma família educada e pacífica.

José Pereira (vulgo José Negrinho)
Eram dois irmãos e duas irmãs, moravam muitos anos numa casinha no pasto do Verde defrontando com a mata do tanque. Muito dedicados à família e ao trabalho, e tendo conseguido um haver na fazenda, recebeu em Cornélio Procópio uma parte das terras que ali possuíamos, e tornaram então fazendeiros naquela zona.

A. Floriano
Também receberam no Paraná terras em pagamento dos serviços prestados na fazenda do Engenho, tendo ido para lá, plantar café quase do mesmo tempo que o José Pereira (os negrinhos).

Os Florianos, eram diversos irmãos, todos casados, ambiciosos e trabalhadores. Um deles é o Augustinho Floriano o qual ainda presta serviço no Engenho.

Manfio
Um dos mais antigos que formou o cafezal que conserva o seu nome.

Viúva Oliveira
Nhá Balbina com os seus filhos Antônio, João, Belmiro, Maria, Carula e Chico. Todos moços e muito trabalhadores tanto os homens como as mulheres. Estas ainda mais sacudidas na

enxada que os irmãos. Eles no machado e na foice. Esses Oliveiras foram um dos melhores colonos que tivemos. Eram de Piracicaba.

Joanico
Também vindo de Piracicaba, da fazenda do meu sogro onde era fiscal, pai do célebre Lazinho e da Dita que é nossa afilhada e que mora ainda na fazenda como colona com o marido e filhos.

Germano
Casado com nhá Chica que me assistiu quando nasceu o meu terceiro filho. Eram primos e se queriam muito. Ambos ambiciosos e trabalhadores, acabaram comprando dez alqueires no barrocão onde formaram café.

Fiel
Era um casal de pretos que trataram de alguns mil pés de café, muito bons e cumpridores dos seus deveres. Compraram depois, um pequeno sítio perto do campo.

Antonio Serraro
Espanhol, família pequena, só tinha filhas, foi um ótimo colono. Teve a infelicidade de perder uma filha envenenada com arsênico que tomou pensando fosse bismuto.

Gonçalves
Manuel Gonçalves também espanhol com família maior que o Serraro, tendo alguns homens, duas ou três filhas.

Tinha as sobrancelhas tão cerradas que na colônia o apelidaram de Cabrón.

Quando saiu da fazenda, deu aos meninos um potrinho interessante que tinha perdido a mãe, e que os meninos batizaram com o nome de Esperança. Esther foi a madrinha, era nossa arrumadeira na casa velha, depois casou-se com Augusto.

Jacinto
Era italiano, foi quem formou o cafezal junto do Amantino.

Zeferino Ugogioni
Era nosso colono e emprestou-nos dinheiro para comprar o seu sítio nas nossas vizinhanças, depois do quê nos causou muitos aborrecimentos se apossando da nossa água para regar as suas videiras justamente quando mais necessitávamos dela para lavar o café no terreiro.

Viúva Garcia
Tratava de alguns mil pés de café com seus filhos.

Viúva Rodrigues
Esta perdeu o marido na fazenda ficando com diversos filhos

pequenos. Assim mesmo procurou viver tratando com dificuldade o seu café. Nós tivemos condescendência, era boa e merecedora. Com o tempo venceu as dificuldades e viveu melhor com o seu trabalho.

Lourenço
Nhô Lourenço era só na roça. Desde que o conhecemos, sempre com um lenço amarrado no rosto. Sofria dor de dente. Bom trabalhador. Sua mulher ao contrário das outras, no dia seguinte com a criancinha recém-nascida nos braços, subia o morro do cafezal com o caldeirão de comida na cabeça levando para o marido.

Geronimo
Era um caboclo velho, morava perto do rancho da serraria. Seus filhos Bazílio e outros eram fortes e valentões. Tocavam viola, cantavam a modinha do "Papagaio louro do bico dourado, leve esta carta ao meu namorado". Formaram o café que também conserva o seu nome nos livros antigos da fazenda.

Alberto Repki
Foi o único colono alemão que tivemos por sinal que foi exemplar. Tinha vindo de Borebi da fazenda do coronel Leite. Era o pai de Esther casada com o Augusto Pescarolo. A sua casa era tão limpa, tão bem tratada que fazia gosto ir

visitá-la e aceitar o seu cafezinho. Augusta sua mulher era muito agradável e atenciosa.

Ganharam dinheiro e compraram um sítio em Santa Isabel perto de Pederneiras, vizinhando com o José dos Santos que foi nosso fiscal, pai da Maria dos Santos e da Júlia casada com o nhô Beltramim.

Chico Freitas

Em conjunto com um outro português também chamado Chico, que passou a ser o Chicão, ambos nos deram filhos para batizarmos. Formaram o Café do Português, cafezal que se celebrizou dando um ano seiscentas arrobas por mil pés.

O Chicão era o compadre Meia-Noite vinha em casa ao escurecer contar prosas e só se retirava à meia-noite. Ao passo que o compadre Freitas que mais trabalhava, nunca vinha em casa sem ser no domingo e raras vezes, e que por fim foi vítima do seu companheiro que fugiu da fazenda carregando com o seu dinheiro.

Antônio Bicudo

Foi uma boa família de caboclos do tempo dos Oliveiras, tendo ambas, vindo de Piracicaba, tratar serviços no Engenho, onde faziam de tudo, empreitando café, roçadas, cercas, roçadas de pastos e de invernadas. Sabiam abater uma cabeça de gado e destrinchá-la com limpeza e habilidade. Nhô Antônio Bicudo porém, teve a infelicidade de adoecer com a terrível moléstia do fogo-selvagem vitimando ainda mais alguns membros de sua família.

Sua mulher, nhá Chiquinha Bicudo, nos prestou bons serviços no tempo da casa velha, quando surpreendidos por doenças, saíamos às pressas procurar recurso médico em São Manuel do Paraíso, nhá Chiquinha zelava da nossa casinha e das criações durante a nossa ausência.

UMA OBSERVAÇÃO JUSTA

Tivemos além dessas famílias de colonos, muitas outras as sucedendo, as quais não consegui gravar na memória como as primeiras, com quem convivemos e sofremos as primeiras lutas na formação da fazenda do Engenho.

E vimos com satisfação que, quase todas essas famílias, conseguiram fazer o seu pecúlio com o seu trabalho honesto.

Antônio Pitoco

Foi um dos primeiros camaradas da fazenda. Também para todos os serviços. Como carroceiro foi muito bom e constante.

Morava numa casinha de tábuas perto da serraria. Casado com nhá Marcolina que nos oferecia café em tigelinhas, era calada e muito serviçal. Chamei-a muitas vezes para me ajudar a refinar o nosso açúcar que chegava umedecido de Piracicaba em lanchas rebocadas pelos vapores da Fluvial. Me ajudava a fazer sabão e mexer as tachadas de doces, por sinal que uma das vezes deixou queimar uma quantidade de doce de banana que ficou puxa-puxa. Aproveitei-o fazendo balas enroladas em palha de milho na falta do papel apropriado. Quando chegaram no colégio foram disputadas e todas as meninas queriam saber onde tinham sido compradas e valeu a pena nhá Marcolina ter queimado o doce!...

O Pitoco tinha um menino da idade dos nossos chamado Lazinho do Pitoco porque eram dois Lazinhos na fazenda, o outro era o Lazinho do Joanico.

Era um moleque claro, muito travesso e o único que caiu nas graças dos meninos acompanhando-os nas caçadas de lagartos com os cachorros.

Fornecia escondido estilingues para os meninos, e numa de suas transações com certeza entrou a minha medalha de congreganista que era de prata, foi confundida naturalmente por outra moeda qualquer.

PEQUENA LISTA DOS NOSSOS CAMARADAS ANTIGOS

Adão
Filho da velha Eva que foi a nossa primeira cozinheira na casa velha. Ambos vieram de São Manuel do Paraíso onde eram

empregados os escravos da família de d. Chiquinha Fortes. Era um camarada forte, bom e educado.

Fileto
Com esse nome singular e impróprio para uma pessoa como era a dele, com uma cara reluzente e cor de azeviche, era camarada de terreiro, o qual nas horas de sol abrasado, era encontrado de pé, dormindo com o corpo apoiado sobre a vassoura ou sobre o cabo de enxada.

Thiago
Irmão mais velho de Joaquim Olímpio que para lá fora como pedreiro, tendo prestado os primeiros serviços nas reformas dos casebres, que existiam na colônia quando lá chegamos de mudança. E foi ele quem levantou as paredes do nosso quarto, onde nasceram cinco filhos.

Thiago depois de algum tempo, voltou a morar em Piracicaba na fazenda do meu sogro, ao lado de sua mãe Generosa.

Ernesto Baiano
Era camarada para todos os serviços da fazenda do Engenho, chegando com grande esforço e dificuldade, a aprender a guiar o nosso antigo e primeiro automóvel qual foi o Fordinho de bigode.

Para tanto rumou ele para a Chácara Conquista em São Manuel do Paraíso, da propriedade do meu mano Flamínio Barbosa, o qual gentilmente se prontificou a ensiná-lo a guiar o automóvel.

Depois de pronto, de volta à fazenda, nos contou o quanto sofreu e suou de vergonha do "nhô Firmino" na boleia do automóvel.

Ernesto só tinha boa vontade, era muito xucro e bronco. Mas contudo aprendeu a guiar muito bem e com cuidado o Fordinho. Porém acabou ficando muito convencido ao ponto de querer mandar no patrão ali sentado ao seu lado na boleia, como dizia, o qual por sua vez enciumado com o camarada sabichão e teimoso provocava sempre discussões, acabando por tomar-lhe a direção do automóvel.

Era curioso e divertido ver os dois na boleia do Fordinho. No fim se entendiam muito bem e como bons amigos.

Ernesto era nortista, falava de arrancos e usa de termos estranhos para nós.

Antônio Moleque

Chegou na fazenda em companhia de uma família de pretos que para lá foram como colonos. Victoria, chamava-se a mãe adotiva do pretinho Antônio Moleque. A ela coube me acudir e estar ao meu lado quando nascera o nosso terceiro filho pois era uma preta bem tratada, esperta e serviçal, tendo atendido imediatamente ao meu chamado, ao passo que a nhá Chica do nhô Germano mandara o mesmo portador me dizer que estava acabando de remendar uma calça do marido e com isso chegou tarde demais em casa.

Victoria tinha muito contentamento em nos servir e receber os nossos agrados aos quais exclamava com graça "viva a fartura, que a miséria ninguém atura". Me ajudava a refinar o açúcar levando em compensação do seu serviço a sobra do açúcar refinado e encaroçado.

Da mesma forma eu procurava compensar as outras mulheres de camaradas quando se ofereciam para me auxiliar. Ora levavam uma perna de porco ou um pedaço de linguiça em abono ao seu ajutório.

O mesmo na horta, eram compensados com verduras, maços de cebolinhas, etc.

Antônio Moleque era quem ia na frente do automóvel, montado num cavalo, do qual o Antônio rolava ao pé das porteiras, tal era a pressa do chofer, e o receio de afogar o motor. Outros menos espertos escorregavam e davam com o nariz no chão.

Isso tudo de medo de quebrar os braços, caso o automóvel parasse e que fosse preciso dar o chispa. Quando inventaram os mata-burros, foi um descanso.

Silvino

Este camarada entrou na fazenda no tempo da casa nova, tendo vindo da fazenda do dr. Carlos Bullon onde trabalhava com o machado. A ele coube derrubar as minhas laranjeiras atacadas da broca, assim como outras árvores do pomar cujas frutas eram azedas e foram substituídas por enxertos de laranjas de qualidade.

Silvino era habilíssimo no machado, o seu serviço era rápido e perfeito. Em pouco tempo reduzia aquelas árvores em pilhas de madeira expostas ao sol para secar e servir de lenha, e isso tudo debaixo da maior ordem.

Era cobiçado também no terreiro de café no tempo da colheita, e na máquina de beneficiar, como balanceiro.

Bem poucos camaradas eram preferidos como o Silvino o qual além de hábil trabalhador era educado e muito boa pessoa.

CAMARADAS DE TURMA

Eram tantos no tempo da casa velha e muito renovados, que dificilmente poderíamos guardar os seus nomes. Eles porém devem ter os seus nomes registrados nos livros antigos da fazenda, caso ainda existam esses livros.

Mas essa turma a fazenda não pôde dispensar e por muito tempo. Ela era quem fazia o encontro com os colonos que se atrasavam por diversos motivos, no trato dos cafezais. Era a turma que fazia os caminhos, estradas e corredores dos cafezais. Roçava os pastos, invernadas, fazia cercas, desobstruía e consertava o rego condutor da água que movia a serraria, e muitos outros serviços indispensáveis à boa ordem e conservação da fazenda.

Mais tarde, quando os filhos dos nossos colonos cresceram, substituíram com vantagem a turma tendo casa e sustento.

Era muito trabalhoso e pesado para a fazenda, o fornecer-lhe o alimento, muitos eram exigentes e insaciáveis.

Nos primeiros anos quando mais lutávamos com a falta de cozinheira, existia uma turma permanente composta de dez e mais camaradas de diversos tipos e raças, cujos nomes já não nos lembramos mais.

COMO AUXILIARES E FISCAIS

Nos primeiros anos
Ozório de Melo Coelho, filho do velho João Frutuoso de Melo Coelho, sogro do conde Alexandre Siciliano.
José Paulino Botelho
Antônio Silveira Bueno
Elias Silveira Bueno
Manuel Silveira Bueno

Belmiro Silveira Bueno

Alfredo Ferraz de Barros (vulgo *Alfredão*) o qual depois que deixara a nossa fazenda em 1910, seguira rumo de Ribeirão Preto de onde nunca mais voltara nem fora visto, tendo corrido o boato de ter sido assassinado naquela zona.

———

Depois destes auxiliares mais antigos, tivemos, e já então na nova sede da fazenda, o *José dos Santos* e *Augusto Pescarolo*.

Como primeiro escrivão na fazenda depois de 1910, *Vicente Imparato*.

HOMENAGEM AO CAMARADA JOÃO BAPTISTA DA SILVEIRA (VULGO JOÃO CARREIRO)

Foi e é ainda o mais antigo camarada da fazenda do Engenho, e o único que nunca a abandonou, e que continua ali trabalhando na medida de suas forças. Foi sempre muito honesto, trabalhador e calado.

Nascido na fazenda do meu sogro em Piracicaba, onde a sua mãe, Francisca, prestava serviços como escrava, João foi criado junto da família.

Em 1891 mais ou menos quando os moços José Cândido e Joaquim Antônio da Silveira Corrêa, foram para Lençóis tomar posse das terras do Engenho e nelas tentar plantar café, levaram consigo o João que era ainda moleque muito novo, tendo encontrado ali uma casinha velha e esburacada na beira d'água, onde o João aprendeu a trabalhar, servindo como podia os moços, varrendo a casa e o terreiro, baldeando a água para dentro, tratando das criações, etc.

Logo depois, João ganhou um bom companheiro que foi o Joaquim Olímpio, crioulo também da família do meu sogro, moleque esperto e inteligente, e, completou uma boa dupla dentro da casinha dos moços, e não duvido muito que até a cozinha, desempenhassem, pois os moços eram solteiros e naquele tempo não havia famílias de camaradas morando na fazenda. Mais tarde foi que levaram a Francisca mãe de João, e em seguida o marido que se chamava João Pernambuco e mais três filhos, Joaquinzinho Pernambuco, Júlio e Constância.

O João Pernambuco era um homenzarrão alto e forte, sisudo, trabalhador mas bebia como uma cabra, sendo que a Francisca o acompanhava em menores doses, e o João foi-lhes seguindo o exemplo, logo que ganhara algum dinheirinho de seu bolso.

A dupla dentro de casa foi então se desenvolvendo e se desembaraçando e mostrando as suas inclinações e habilidades. O Joaquim era diplomata e gostava de rodear os moços para que não lhes faltasse nada, servindo-os, levando os seus recados, ajudando-os nos expedientes da casa e da roça, prendendo e arreando os seus animais em tempo e hora, sempre com a cara alegre, cantando e assobiando.

Enquanto que, o João apaixonado pelos bois, só queria viver no meio deles, madrugava para servir-lhes a ração de milho, sumia no meio daqueles bois enormes e chifrudos. Era ao mesmo tempo ligeirinho, nunca levou nenhuma chifrada apesar de, no meio deles ter topado com alguns enfezados como o Pintassilgo.

Batizava-os com os nomes os mais acertados, e tanto agradava os bois como enamorava o carro até que lhe foram confiados um dia, e ninguém conseguiu na fazenda, guiá-los com tanto cuidado e carinho, assim como fazer o carro cantar tão bonito nas estradas. Ele podia se orgulhar, tão pequeno e insignificante, desempenhando um encargo de responsabilidade, sem jamais ter sacrificado os seus bois naquelas estradas primitivas e distantes como a do Porto Eliseu onde ele ia com o carro buscar o suprimento para a fazenda e mercadorias que vinham de Piracicaba pela Companhia de Navegação Fluvial.

Muitas vezes no tempo das águas, era surpreendido em caminho, por tempestades e fortes chuvas, entretanto nunca João encalhou na estrada, chegando sempre são e salvo, embora muitas vezes em horas avançadas da noite, e sem contar com nenhum ajutório, apenas com o seu inseparável facão preso à cintura.

Quando fomos de mudança para o Engenho já ele exercia francamente a profissão de carreiro.

E não foi só com o carro que João celebrizou-se na fazenda. Outra tarefa bem dura e difícil esteve ao seu cargo, a qual ele soube desempenhar com muita habilidade e eficiência e com grande arrojo. Assim, não havia na mata do tanque (mata virgem) como é em nenhuma outra mata, toras de madeira de lei nelas tombadas, há muitos anos, escondidas e cobertas de folhagens secas, sarapieiras, musgos e mesmo de terras levantadas pelas formigas, que o incansável João não descobrisse e as trouxesse para a serraria, colocando-as com muito jeito ao pé dos carpinteiros para serem transformadas em caibros, tábuas, ripas e em todo o madeiramento de que a fazenda necessitasse para a construção das casas de colonos, tulhas, paióis, casas de máquinas, reformas, cercados, etc....

João executava aquele serviço fazendo, sozinho e sem o menor alarde. Entrava na mata com o carretão, uma ou duas juntas de bois, uma alavanca de ferro, uma corrente grossa e uma foice. Ao passo que os outros com muito custo e ajutórios, conseguiam trazer para a serraria, uma tora da mata.

João era pau para toda a obra e sempre pronto para servir a fazenda. Tanto ele como o Joaquim Olímpio, montavam em qualquer animal, guiavam o trole com cuidado e segurança, e foram ótimos carroceiros.

João nunca deixou-nos faltar o caldeirão de leite fresquinho, e de madrugada, na porta da cozinha, serviço esse que esteve a seu cargo durante muitos anos, desde o tempo da casa velha. Não sacrificava os bezerrinhos deixando sempre o suficiente para que crescessem fortes. Amansava com jeito as vacas mais ariscas e ameaçadoras. João foi sempre um camarada honesto, humilde e de inteira confiança. Nunca se aliou aos descontentes, ambiciosos ou viciados. A própria cachaça que ele bebia antigamente, sem nunca perder o respeito, e a compostura, deixou-a há muitos anos e espontaneamente, mostrando assim a sua inteligência e vontade de viver bem.

Casou-se e foi um bom chefe de família. Continuou sendo ainda, apesar do peso dos anos e dos contratempos, que tem passado em sua vida com a perda de um filho moço o Loti, com a doença do outro chamado Jorge, o qual há anos se acha internado numa das colônias de Juqueri, e o mais velho o Nenê, que era um rapaz bom e trabalhador, depois de casado e pai de três crianças, abandonara a família. Além do quê João tem uma filha doente, de paralisia infantil que foi tratada durante alguns anos na Santa Casa de São Paulo, na enfermaria Fernandinho Simonsen, mas que não ficou curada. Mesmo assim ajuda os pais em casa trazendo-a muito limpa, bem varrida e as roupas muito bem lavadas. Uma boa filha.

João é conformado, suporta tudo sem se queixar.

Seria muito justo que, depois de tantos e bons anos de serviços prestados na fazenda, João fosse contemplado ali com um pedaço de chão, ou com uma casinha na povoação para viver o resto dos seus anos.

RECORDAÇÃO DO BOM CAMARADA JOAQUIM OLÍMPIO

Tendo acabado de crescer na fazenda do Engenho, foi ali muito estimado e querido por todos durante os anos que morou conosco como camarada e depois de casado, como colono passando a morar numa casa de madeira situada acima da estrada que ia para a serraria, quase na altura do mato, onde nasceram os seus cinco filhos, e onde viviam felizes.

Um dia porém, cismou de mudar de patrão, e foi morar na fazenda Perobal, do meu cunhado José Cândido da Silveira Corrêa onde veio a falecer ainda moço, devido a uma infecção num dos dentes quando atormentado pela dor, tentara com a ponta do seu canivete extraí-lo ou talvez rasgar a inflamação.

Rosa depois de viúva voltou a morar em casa do pai, que era o velho Cavalari e que tinha um sítio de dez alqueires onde plantava café na nossa divisa, tendo adquirido essas terras da fazenda, em pagamento de dívida do café amarelo que plantou e formou no Engenho.

Rosa era inteligente e progressista. Vendo que ali estava vegetando com os filhos, rumou para São Paulo onde aprenderam ofícios, tendo ela falecido ainda moça, porém deixado os filhos colocados em repartições e casas comerciais em São Paulo, e as duas filhas Lydia e Maria, em casa, costurando para ganhar, tendo a mãe habilitado-as naquele ofício, e deixado para o seu uso a sua máquina de costura, máquina Singer, de pé e muito boa.

Há muitos anos que não me encontro com nenhum dos filhos de Rosa e de Joaquim Olímpio. Mas eu creio que vivem bem e unidos. Um dia quando puder, procurarei encontrar-me com eles.

Joaquim Olímpio foi muito amigo de minhas crianças no tempo que morou no Engenho. Quando vinham pelas férias do colégio, achava sempre com quê agradá-las. Mandava a Rosa preparar-lhes leitões e franguinhos assados e fazia questão que, fossem saboreá-los em sua própria casa e bem à vontade.

Tanto ele como o João estavam sempre atentos e prontos a nos servir em ocasiões de doenças saindo a qualquer hora da noite para trazer-lhes remédios da farmácia ou mesmo de outros lugares distantes como Pederneiras.

Gostava imensamente de música, tocava sanfona, era apreciadíssimo nas festas da colônia, tanto assim que conquistou logo o coração da bela italianinha loira de olhos azuis, a Rosa Cavalari.

Joaquim era bem preto, alto, esbelto, de feições delicadas. Nenhum dos filhos herdou a sua cor, e nem tampouco o cabelo e as cores da mão.

GERTRUDES DE SOUZA

Nhá Tuda (como a chamávamos) foi a auxiliar de saudosa memória que tivemos na fazenda morando conosco vinte e nove anos. Nhá Tuda pelas suas qualidades e demonstrações de amizade, conquistava plenamente a nossa simpatia e confiança ao ponto de já considerarmos fazendo parte de nossa família.

Nhá Tuda era natural da cidade de Indaiatuba onde se casara. Seu marido era um homem forte, se ocupava em serrar madeira no mato, e para tanto foi contratado para ir morar no município de Pederneiras na fazenda dos Patos, a qual pertencia naquela época a um fazendeiro chamado Pacheco. Ali foram morar, levando os dois primeiros filhos. Ele serrando madeira, e nhá Tuda cozinhando na fazenda para a turma de camaradas.

Sendo o Pacheco um homem já de idade e não tendo forças para fazer cessar as constantes greves em sua fazenda, resolveu vendê-la a um italiano de Campinas chamado Esbragio, o qual depois de algum tempo ficou paralítico, mas nem por isso quis dispor da fazenda, sendo até hoje o seu possuidor.

Nessa mudança de patrões, nhá Tuda, o marido e filhos deixaram aquela fazenda e vieram morar em nosso bairro, no sítio do Evaristo Gonçalves, vizinho unido às nossas terras na parte da mata do tanque, cujo sítio pertence hoje aos italianos Valezas.

Sendo como era o Evaristo um homem simples e bondoso, e necessitando de bons trabalhadores no seu sítio, deu-lhes ali uma casinha para morar e serviço ao marido de nhá Tuda, o de serrar madeira no mato. Evaristo possuía cinquenta alqueires de mato, 5 mil pés de café e muitos quartéis de cana. O seu engenho era movido a água. Água essa nascida no campo de Lençóis com o nome de água do Corvo Branco a qual ao chegar às suas terras aumentada por outras menores, ali corria como um pequeno ribeirão, dando de sobra para mover o seu engenho de cana, onde fabricava açúcar para o seu gasto.

Com o Evaristo moravam mais dois ou três irmãos seus, e todos trabalhavam no mesmo sítio, sendo porém o Evaristo o dono, e o mais trabalhador.

Nhá Tuda enquanto o marido serrava madeira, ajudava os patrões a capinar a cana e no serviço do engenho, e não raras vezes davam-lhe a cana para moer e fabricar o açúcar para a sua família. Tanto ela como o marido eram ali estimados. Este porém, no fim de algum tempo adoecera gravemente, e nhá Tuda ficou com todo o peso da casa sobre si.

Os primeiros filhos já eram moços, mas, muito poupados, ela é que fazia tudo, todo o serviço da casa, inclusive lenhar. E foi nesse tempo de aperturas que a fiquei conhecendo, quando desejosa de fazer um agrado ao marido tão doente, vinha em casa me pedir um pedaço de marmelada, doce esse que a minha mãe me mandava todos os anos de Piracicaba, e que era conservado em caixetas. Outra vez era um pratinho de biscoito de polvilho que eu tinha sempre em casa.

E depois que ficou viúva, veio me procurar para socorrer com alguns remédios, um de seus filhos atacado de pneumonia e febre alta. Dei-lhe o que possuía em minha pequena farmácia, um vidrinho de óleo de rícino, tintura de *Aconitum* e duas folhas de sinapismo Rigolô. Nhá Tuda era inteligente, soube fazer uso dos medicamentos voltando depois de alguns dias para tornar a agradar-me e ao mesmo tempo oferecer os seus préstimos, pondo-se à minha disposição para tomar conta da lavagem de roupa da fazenda.

Em 1910 quando necessitei ir a São Paulo para tratar de minha saúde, ela foi a única pessoa que se prontificou a acompanhar-me como cozinheira, deixando os filhos em companhia da filha mais velha, levando consigo apenas o último filho que era o Augusto, por sofrer este das pernas. Era humilde e não lhe dava maiores trabalhos, passava o dia sentado na soleira da porta de nossa casa, no largo dos Guaianases de onde não se afastava um passo sem se sentir perdido e nervoso. Tinha pavor das motocicletas, corria na cozinha, contar à mãe, que tinha visto passar na rua, um bicho brabo que corria e roncava como um pião. Era muito matuto.

Nhá Tuda ali na cidade não achava demais os trabalhos que lhe dávamos, era corajosa, nos servia cheia de boa vontade, tendo apenas como ajudante uma menina xucra e inexperiente, chamada Cota, filha de um dos nossos carpinteiros da fazenda, do Baptista Conceição.

Logo depois de instalados naquela casa, no largo dos Guaianases, e para onde tínhamos levado da fazenda um peru assim como outras aves, tendo se aproximado o dia 20 de fevereiro, dia de aniversário de um dos nossos filhos, nhá Tuda preparou o peru do melhor modo que lhe foi possível, com bastante cheiros, farofas e manteiga, tendo sido muito apreciado por todos. Mas quando chegou a vez de nhá Tuda saborear o seu quinhão num cantinho da cozinha, ou porque estivesse àquela hora da noite cansada de lidar no forno, ou exagerado um pouco nos temperos, nhá Tuda sentiu-se mal repentinamente.

Não conhecíamos ainda nenhum médico ali perto de casa. Lembrei-me do sobrinho Antônio Procópio, e por seu intermédio conseguimos trazer àquela hora da noite o dr. Ascher para medicá-la, tendo o médico achado muito grave o seu estado, e receitado um remédio com cheiro de clorofórmio para tomar de quinze em quinze minutos, dependendo a sua sorte, do resultado daquele remédio, tendo o médico duvidado que chegasse amanhecer com vida.

Cortei volta a noite toda em redor de sua cama, apesar do estado de debilidade e fraqueza em que me achava na ocasião.

Deus teve pena de nós e dos seus filhos porque, morando tão longe, não alcançariam-na mais. Quando o médico chegou, de manhã, ficou pasmo de ver como nhá Tuda reagira.

Desde então tornou-se mais nossa amiga e muito reconhecida pelo tratamento carinhoso que recebera, e uma vez restabelecida, redobrou os seus esforços procurando em tudo a nos agradar. A nossa casa vivia cheia de visitas e a todos nhá Tuda fazia questão de servir a bandeja de café fresquinho, torrado por ela, no terreiro da casa.

Três meses após, tendo-nos mudado para uma casa mais confortável, à rua Duque de Caxias, fez valer na ocasião, o seu ajutório na mudança, procurando poupar as minhas forças e expedientes.

E, quando dei entrada no hospital da Santa Casa onde permaneci durante oito a dez dias, nhá Tuda se esmerou em bem servir as crianças e cercá-las de cuidados, apesar de terem ali ficado, debaixo da guarda de uma de minhas irmãs solteiras.

Nhá Tuda não se conformando que sofressem repreensões ou castigos, e menos ainda, de vê-las privadas de gulodices, dava sempre um jeitinho na cozinha de satisfazer as suas vontades e desejos.

Quando pudemos deixar São Paulo e voltar para a fazenda, ela seguiu para a companhia dos filhos no sítio do Evaristo, e ficou ali, o tempo suficiente para dar uma arrumação à sua família, e voltar para a fazenda, onde tomou conta da cozinha.

Os dois primeiros filhos já estavam casados, e a última que era a Mercedes, menina ainda, continuou morando com a Elvira, irmã mais velha, a qual mais tarde casou-se com o nhô Tonico Honório, cujo genro foi estimado pela nhá Tuda.

E assim com os filhos morando perto, ela tinha sempre um ou outro rodeando-a na cozinha e trabalhava satisfeita.

Mais tarde porém, foram crescendo e acompanhando os irmãos mais velhos, os quais tomaram o rumo do sertão e por último ficou somente com o Augusto, o qual não se afastou da mãe, e mesmo depois de casado procurou a morar perto dela, trazendo-lhe seguidas vezes o netinho para receber os seus agrados.

Nhá Tuda não só tomava conta da cozinha e das criações, como também da casa quando fazíamos viagens, trazendo-a sempre em ordem, com as roupas lavadas, passadas e bem guardadas nas gavetas e prateleiras dos armários, sem faltar nenhuma peça.

Gostava de ver-se rodeada de fartura na cozinha e não tinha preguiça de apresentar tudo muito bem-feito e quentinho na mesa. Para isso tinha um fogão formidável, onde não deixava faltar boa lenha e toda a bateria necessária. Uma grande pia com fartura d'água quente e fria.

A panela de angu dos cães perdigueiros, era a primeira que subia, e muito cedo para o fogão. Depois de bem cozido, adicionava-lhe os ossos de carnes diversas e o resto da mesa.

Ali mesmo dentro da cozinha a qual era muito grande e espaçosa, ela tratava dos cães, ou quando não, numa dependência fora.

Nessa dependência fazia as tachadas de sabão de cinza e torrava o café. Lhe facilitávamos o serviço com boas acomodações feitas com tijolos.

Do mesmo modo demos-lhe, para lavar as roupas da casa, um amplo e confortável tanque com água encanada, coberto com telhas-francesas e enfeitado de plantas trepadeiras que lhe serviam de cortinas arrendadas, abrigando-a dos mais fortes do sol assim como dos olhares indiscretos. Trabalhava num ambiente agradável e cheio de largueza como gostava e merecia. Apreciando as plantas, tanto como eu, vivia ali cercada por elas por toda a parte, e até na própria cerca onde estendia os seus aventais para secar, nhá Tuda esbarrava com os galhos floridos da amora ali entrelaçados e pendidos até o chão.

No terreiro da cozinha vivia acompanhada e cercada de uma multidão de criações e de galinhas e pintos de todos os tamanhos, aos quais não deixava faltar o farelo de arroz e a quirela de milho.

Ia até a cocheira visitar os bezerrinhos novos, e no meio deles, sempre tinha um dos seus, cujas mães forneciam o leite para a fazenda em troca do pasto e do trato.

Era uma concessão e um gostinho que lhe proporcionávamos com prazer.

Corajosa e arrojada, ela mesma ia no pasto ou na cocheira prender e arrear um animal, e até em pelo, saía como boa cavaleira pela redondeza, moradores das barrocas e beiras d'água, comprar frangos, ovos, e vinha com o picuá cheio de agrião e de serralhas apanhadas em caminho.

Era especialista em verduras, em virados de frango, de feijão e até de milho verde. Também nos assados de grelha que mais se pareciam com um churrasco bem temperado. A sua atividade não tinha limites, e para exercê-la não poupava sacrifícios.

Um dia nhá Tuda, da janela da cozinha avistou de longe que os camaradas lutavam para tirar um animal de dentro do rego d'água devido o barranco que era um tanto alto e ao ter emperrado ali não querendo ir nem para diante, nem para trás. Nhá Tuda não duvidou em descer até o lugar da luta, e aplicar ali a sua sabedoria. Assim, agarrando o animal pela cauda, deu um forte puxão torcendo-o de um lado, obrigando-o a fazer uma marcha a ré e a sair fora d'água, dando ao mesmo tempo uma lição de mestre aos camaradas.

Dotada de um bom coração, era carinhosa para com todas as crianças e velhos que vinham até a porta da cozinha, facilitando-lhes ora uma garrafa de leite, ora uma consulta no telefone com o médico ou farmacêutico, fornecia-lhes frutas da sobra da casa e até roupas, por vezes ia buscar em sua caixa para repartir com os mais necessitados.

Naquela caixa nhá Tuda tinha sempre um presentinho, e muitos cortes de fazenda que comprava para levar aos netos no sertão. Uma vez ao ano era-lhe concedida uma viagem, porém não se demorava, e dizia mesmo que, só se sentia bem e à vontade na fazenda. E, as cartas que recebia dos filhos e netos, eram sempre acompanhadas de más notícias e de pedidos. Nunca vi-lhe chegar um presentinho, apenas ganhou uma canequinha, trazida pelo filho José de passagem pela fazenda. Contudo não se queixava, não lhe faltava nada.

Emprestei-lhe durante muitos anos, a minha máquina antiga de costura a qual ganhei de meus pais quando me casei, nhá Tuda aproveitando a boa luz (elétrica) cosia horas seguidas, os seus vestidos, aventais e muitas roupinhas, aproveitadas, as quais levava-as para os netos.

Achava tempo ainda para ir dar um dedo de prosa em casa do fiscal ao lado do terreiro, e isso nem que fosse debaixo de chuva, pois era muito sociável.

Tinha para as noites escuras, uma lanterninha de tocos de velas, ou de querosene.

Sentia estimada e feliz.

Levantava-se de madrugada para fazer o café, trazendo-o no quarto para tomarmos ainda na cama. E, durante o dia me procurava no pomar levando a bandejinha de café com bolo de fubá feito na caçarola e quentinho, e me achando, sentava--se com a bandeja ao meu lado no chão, ali mesmo recebia as minhas ordens para o almoço e voltava carregada de verduras, espinafres, almeirão, manjerona, alfavaca, etc. Não dispensava os cheiros-verdes em seu tempero e a alfavaca nos virados de frango como nos pratos de peixes ensopados.

Jamais nhá Tuda deixou os caçadores seguirem para o campo, como para o rio, sem levar um ou dois picuás com virados de frango que só ela sabia fazer tão gostosos. Ovos cozidos, frutas, e uma garrafa termo cheia de café adoçado. Era uma criatura boa e incansável.

Sabia gostar também da música, e vinha se colocar ao lado do rádio para ouvir as músicas de viola, as trovas e emboladas, interpretando-as melhor do que eu. Não perdia de ali estar sobretudo quando o Rádio Clube de Jaú irradiava os resultados do jogo do bicho, tendo sido esse, o seu único vício, o qual ela procurou com inteligência dissimular, vendo que em casa não tolerávamos esse jogo sobretudo feito pelo telefone da fazenda.

Quanto ao mais nunca deixou de ser submissa chegando a aliar os sentimentos aos nossos, como aconteceu na madrugada em que os caminhões do Paraná vieram à fazenda para levar a família do Victorio Reginato, família essa muito antiga, tendo ele próprio crescido ali no Engenho, o mesmo a sua mulher e os filhos. Fomos àquela hora da madrugada à varanda para dizer-lhes um adeus, e agradecidos, desejar-lhes uma feliz viagem, e qual não foi o nosso desapontamento e tristeza quando vimo-los passar pela frente da nossa casa, alegres, contentes empencados sobre os caminhões sem prestar-nos a mesma atenção, sem nenhum gesto de amizade.

Nhá Tuda sofreu conosco aquela desilusão. Ela fazia parte mesmo da família.

Muitas coisas mais, eu desejaria descrever lembrando da minha saudosa e boa companheira de trabalhos na fazenda, mas reservo-as para os meus momentos de grata recordação.

Tenho um grande sentimento o de não ter podido na ocasião, contemplá-la com uma sepultura digna da nossa gratidão para com ela.

E para reparar um pouco essa falta que não dependeu da minha vontade, é que, fiz questão de render-lhe uma carinhosa homenagem lembrando a sua passagem de perto de trinta anos de inestimáveis serviços e de inúmeras provas de amizade para com todos de nossa família, principalmente para com seus patrões.

Nhá Tuda desapareceu das nossas vistas, mas não desaparecerá nunca dos nossos corações.

Trabalho executado espontaneamente e em poucos minutos pela minha filha mais velha, numa das suas primeiras férias de colégio, no tempo ainda da casinha velha.

Em pé, da esquerda para a direita: coronel Antônio Silveira Corrêa, Floriza e seus filhos Irene, Décio e Agenor. Sentados, os filhos Ida, Nair, Dinorah, Odete e Irineu. Fotos: arquivo da família

Floriza e sua filha Odete

Sérgio Silveira Corrêa, neto de Floriza, junto com o pai Décio Silveira Corrêa e Floriza, e as perdizes que haviam caçado. Sentada, Helena Freire McDonnell

Posfácio

Marina de Mello e Souza

Floriza Barboza Ferraz escreveu este relato aos 73 anos de idade, em 1947. Deu-lhe o título de *Páginas de recordações*, ou seja, lembranças, resultantes da memória. Com que intenção o fez? Ao contar a própria história e a da família, pensou em sua descendência e nas gerações futuras? Buscou no papel e na caneta uma companhia para a velhice? Pensou que pudesse ser lida como testemunha de uma época, de um momento da história de São Paulo? Foi influenciada pela publicação, em 1946, de *No tempo de dantes*, de Maria Paes de Barros, que então tinha 94 anos? Independentemente das motivações de Floriza, o fato é que o texto escrito por ela circulou, mesmo de forma restrita, e pode ser considerado um documento histórico, aquilo que historiadores tomam como matéria-prima para reconstituições de acontecimentos do passado e que permite a análise dos processos ocorridos.[1]

Houve tempo em que o estudo da história era voltado apenas para os grandes feitos e personagens, heróis, atos dos governantes e poderosos. Esse tempo acabou quando as pessoas comuns, o dia a dia, os pequenos gestos, passaram a ser valorizados para a construção do conhecimento histórico. Para tal, tudo que revelasse aspectos da vida das pessoas se tornou fonte de informação. Cartas, diários e memórias, como as de Floriza, foram alçados ao mesmo nível de importância de discursos políticos, tratados diplomáticos e registros oficiais diversos. Nesse contexto, além de ser testemunho de aspectos da existência comum, o seu relato é uma preciosa fonte para a reconstrução de um ponto de vista feminino, em geral silenciado na reconstituição histórica. *Páginas de recordações* aborda temas interessantes para o estudo das experiências das mulheres em tempos passados. Mas também muito mais.

De composição irregular, com passagens de boa qualidade literária, que transportam o leitor para o universo descrito, em outros momentos entremeia assuntos sem que haja uma urdidura que os ligue. Apresenta um fluxo relativamente desordenado de lembranças encadeadas umas nas outras, jatos de memórias agrupadas por assunto e numa sequência cronológica. Não se trata de um texto que tenha sido preparado para publicação pela própria autora, e a cópia que serviu de base a este livro consiste numa transcrição do manuscrito, de paradeiro desconhecido. Mas, a despeito da forma não elaborada, a sua leitura é uma prazerosa revelação. Lembra o livro de Maria Paes de Barros, vinte anos mais velha e pertencente à alta elite paulistana, que contou com apresentações de Monteiro Lobato e Caio Prado Júnior.[2] Se o texto de Floriza é menos acabado, é também mais espontâneo. As experiências são nele descritas com muita intensidade e abarcam uma ampla gama de questões, que vão das relações entre senhores e escravos àquelas entre patrões e colonos; da vida familiar às dificuldades para cuidar da saúde na frente avançada da expansão para o Oeste paulista; das possibilidades de lazer à empreitada relativa à montagem de uma fazenda de café em zona ainda coberta de florestas. Seu relato traça um retrato muito vívido da ocupação do sertão de São Paulo, quando as matas eram cheias de caça e o rio Tietê, límpido e piscoso.

Nascida em 1874, fala dos avós, dos pais, de si mesma criança, meninota e tornada mãe de família ao se casar com aquele que foi escolhido por Tonico, seu irmão e cunhado do noivo. Interessante notar como a escolha do futuro marido é tratada de forma passageira e natural na narrativa: quando desistiu de ser freira, desejo cultivado durante o tempo que passou estudando num internato religioso, o casamento foi combinado e realizado rapidamente, após o seu consentimento. Floriza tinha dezenove anos. Sua mãe havia casado antes de completar catorze anos e teve dezoito filhos, dos quais criou catorze. O destino da mulher da elite agricultora no estado de São Paulo do século XIX era casar, ter filhos e dirigir a empresa doméstica, tarefa bastante complexa, como se percebe pela descrição das atividades da mãe da autora e das suas próprias. Ela mesma parece ter tido oito filhos, aos quais nestas recordações nunca chama pelos nomes, identificando-os pela ordem de chegada e gênero, por exemplo, "nosso filho mais velho" ou "nossa primeira filha". O casamento não era uma escolha pessoal e sim um negócio entre ramos da mesma família, como no caso dos pais que eram primos, ou entre famílias amigas, como no caso dela. A maneira natural como fala do casamento arranjado pelo irmão e em seguida da vida de casada, que produziu vasta prole, parece indicar uma relação conjugal harmônica, assim como fora a da mãe, mesmo não havendo elas participado da escolha dos cônjuges, apenas dado o consentimento.

    A descrição da montagem da fazenda que Floriza e o marido começaram do zero na região de Lençóis descortina diante de nós uma dura realidade comum a jovens casais, que, embora tivessem construído seus lares e propriedades com o suporte familiar, enfrentaram numerosas dificuldades até conseguirem se estabelecer como prósperos fazendeiros, à semelhança de seus pais e avós. Depois de apresentar pai e mãe, irmãos e irmãs, e reafirmar que procurou seguir o exemplo dos mais velhos, Floriza chega ao cerne das recordações, relativas ao princípio do casamento e da fazenda formada por ela e pelo marido. A história rememorada se liga ao avanço da cafeicultura pelo interior de São Paulo, às etapas percorridas na construção de condições mais confortáveis de moradia, e às minúcias da vida de uma mulher da elite paulistana no início do século XX. Mas começa na sua infância, transcorrida na sociedade escravista brasileira, sociedade de seus antepassados, que qualifica de guias.

Para Floriza, nascida catorze anos antes da abolição da escravidão e criada na região de Rio Claro, a convivência com escravizados era coisa natural. Eles faziam parte do conjunto de bens de seus pais, que construíram seu patrimônio ao comprarem "uma fazenda de café, e escravos suficientes para a conservação da mesma" (p. 9). A fazenda é apresentada com detalhes que permitem uma reconstrução pormenorizada dos seus aspectos físicos. A descrição da senzala em quadrado, cercada por muro alto, "como os das cadeias públicas" (p. 10), e do tratamento dado aos escravos é destituída de qualquer sentimento, a não ser por um breve comentário acerca da compaixão que as crianças tinham pelos negros ao ouvirem falar de seus castigos. A vigilância era severa, constante, e contava com a ajuda de cães filas, além dos castigos físicos, dentre os quais o do "tronco" era o mais temido. A presença da violência é indicada com o mesmo tom com que a autora se refere à rotina do trabalho diário no eito, à alegria dos escravos que cantavam enquanto trabalhavam, e à boa qualidade da comida que lhes era "levada ainda quentinha para a roça, em vasilhas de madeira, e em carroças" (p. 12).

A mão de obra escrava permitia a autossuficiência da fazenda, na qual se produzia praticamente tudo: dos alimentos ao azeite e pavio dos candeeiros, das roupas de senhores e escravos ao café que antes de ser vendido era beneficiado, das casas aos móveis e engenhocas de usos variados. Para a filha menina do senhor da fazenda, os negros eram tratados com extrema consideração, inclusive às vezes recebendo frutas, melado e canjica. Ficou registrada em sua lembrança a maneira como comiam as laranjas, que após saboreadas jaziam "ocas e transparentes" (p. 13) pelas beiradas dos caminhos; como recolhiam lenha para depositar no lenheiro da fazenda ao retornarem à senzala, para onde seguiam em silêncio e onde eram trancados durante a noite; e como se perfilavam diante da casa do administrador para serem revistados, antes de rezarem em voz alta e em "atitude respeitosa" (p. 13). Sinais de humanidade em seres que se confundem com a paisagem da fazenda na narrativa da autora, ao mesmo tempo que ela desnuda para o leitor de hoje a opressão a que estavam submetidos. Esta incluía uma revista no fim de cada jornada de trabalho, para evitar que os escravizados se apropriassem de uma porção de café, uma fruta, ou o que fosse, e que poderia tanto enriquecer sua própria alimentação como ser trocado numa venda de beira de estrada por algum outro produto ou por dinheiro.

Floriza lembra como seu pai administrava a propriedade e desempenhava papéis sociais e políticos em Rio Claro, cidade onde tinha uma casa em que a família passava as festas e para onde ia em ocasiões especiais. Sua mãe dirigia os trabalhos domésticos, os cuidados com os filhos, com as escravas da casa e com os "crioulinhos", que sentados no chão em esteiras postas num canto da sala de jantar comiam com os dedos em gamelas, quando "desmamados", o que permitia que as mães voltassem integralmente ao trabalho (p. 20). Um irmão mais velho vacinava-os e a mãe dava vermífugo "àqueles mais assustados e barrigudinhos" (p. 20). Provavelmente tal como faziam com o gado e com os animais de carga.

Também recorda a ama designada para cuidar dela — garota curiosa e travessa que gostava das brincadeiras ao ar livre. Ao falar dessa relação, nunca menciona o fato de a ama ser escrava, portanto destituída de sua própria liberdade. Os trechos dedicados aos escravos são poucos e ligeiros se comparados à descrição de aspectos de sua juventude, como as relações com amigos e familiares, os passeios, caçadas e pescarias, as estadas na cidade, a preparação das comidas consumidas nas festas e a forma como estas últimas, religiosas ou populares, eram vividas. Descrições que contêm informações preciosas para a reconstituição da vida cotidiana dos cafeicultores do interior do estado de São Paulo nas últimas décadas do século xix. Nelas é possível perceber a presença das escravizadas e escravizados desempenhando quase todas as tarefas, e sendo apresentados como rústicos, em contraste com o refinamento do senhor e da senhora, o pai e a mãe da narradora. Estes pareciam tentar domesticar a energia da menina, afastá-la do mundo exterior do jardim, do pomar, e mantê-la no interior da casa. Menina que quando velha recorda a fazenda onde cresceu como se fosse um paraíso, de onde só saiu aos doze anos para estudar, então seu maior desejo, alimentado pelo exemplo de algumas primas que já frequentavam escolas.

Quando finalizou os estudos esperados para uma moça daquela época e deixou o internato de freiras, a situação da sua família mudara bastante. O pai, "vendo-se obrigado a substituir os seus negros, por colonos estrangeiros" (p. 58), não se adaptou à abolição da escravidão e à mudança nas relações de trabalho. Sem conseguir se entender com os trabalhadores que sucederam os escravizados no trato da fazenda, vendeu-a e foi morar em Piracicaba, numa chácara, mantendo também um sítio onde ele e sua mulher alimentavam o vínculo com a terra. Ali supervisionavam os cuidados com pequenas plantações, horta, pomar e criação. Ele também era proprietário de vários imóveis na cidade, que lhe deviam proporcionar uma boa renda. Moravam perto irmãos, parentes e o avô materno de Floriza. Esta, ao terminar os estudos, flanou um pouco por bailes e igrejas, como as moças de sua idade e classe social, e foi encaminhada para o casamento.

De forma elíptica, na narrativa que mesmo fragmentada segue o tempo cronológico, o casamento representa uma ruptura radical: o fim da era vivida no paraíso familiar de uma sociedade escravista, sob a proteção do pai e da mãe, dos irmãos e irmãs. A casa da fazenda do pai de seu marido, onde o jovem casal foi morar, não oferecia muito conforto, e a inexperiência de Floriza como administradora doméstica foi suprida pela presença frequente da sogra. Os vizinhos eram gente próxima da família, sendo um deles tio e padrinho de seu marido. Foi esse tio quem adiantou o dinheiro com o qual compraram uma terra e fizeram o investimento inicial necessário para a abertura de uma fazenda de café na frente de expansão da cultura pelo Oeste paulista. Como pano de fundo, apoiando-os, vislumbramos a rede de solidariedades fundada nas relações de parentesco e compadrio de um grupo da elite do final do Império e da Primeira República. Ao narrar episódios que viveu, a autora expõe uma multiplicidade de aspectos das famílias cafeicultoras paulistas, as formas de sua organização, de relacionamento, seus valores, além de descrever aspectos práticos da vida rural no início do século xx.

O começo do casamento foi difícil, e Floriza teve problemas de saúde na gravidez — a qual ela não nomeia, apenas referindo-se ao seu "estado". Menciona não poder ingerir medicamentos fortes, como o quinino, o que nos faz supor que seu problema fosse algo como febre amarela, adquirida no ermo da fazenda do sogro, onde existiam "lugares cheios de fermentações" (p. 81). O conhecimento médico era ainda bastante precário no final do século xix, e ignoravam-se as causas e os processos de transmissão da maioria das doenças. Longevidade era sinal de muita saúde, de organismo resistente o bastante para vencer todas as agressões com a ajuda de ervas, remédios caseiros e a química então disponível. Para as mulheres havia o acréscimo do risco representado pelos partos, que se sucediam com intervalos muito curtos, frequentemente em condições precárias de higiene e sem recursos para solucionar emergências como bebês mal posicionados, hemorragias, infecções pós-parto, entre outros fatores que ceifavam muitas vidas jovens, como a de uma irmã da autora, que morreu aos vinte anos, depois de dar à luz o terceiro filho.

Durante a primeira gravidez Floriza sofreu com as febres e a incapacidade de amamentar a filha, que "tomava leite às colheradinhas", obtido na casa de parentes, até que uma "colona italiana muito forte e sadia", cujo bebê havia falecido, aceitou amamentá-la, "sujeitando-se em primeiro lugar a um exame de saúde pelo nosso médico, e prestou-nos o seu auxílio durante onze meses" (p. 83). Nesse caso a colona italiana ocupou o lugar da ama de leite negra na transição do trabalho escravo para o livre. Aqui não há uma ordem mas um acordo, cujos termos não conhecemos e que parte de um "convite" para amamentar a menina. A lembrança da presença incômoda de uma criança de dois anos que tiveram de suportar — pois, "apesar de muito forte, era manhoso e agarrado com a mãe" (p. 83) — denuncia seu desconforto com a relação diferente da escravista. Esta não considerava os vínculos existentes entre mães e filhos pequenos e simplesmente os separava.

Por ocasião do nascimento do segundo filho, o marido de Floriza comprou, com dinheiro emprestado do tio e padrinho, uma terra próxima à de cunhados seus, conseguiu "arranjar colonos na Imigração" (p. 84), e partiram para o interior do estado com um filho recém-nascido, uma filha de cerca de dois anos e uma "menina como pajem das crianças" (p. 87). Ao término de uma viagem exaustiva, chegaram a uma modesta casinha, onde começaram a vida de plantadores de café. Com o trabalho de colonos italianos e empreiteiros contratados para formar os cafezais e erguer as primeiras construções, aos poucos a fazenda foi ganhando feições que a aproximavam da propriedade onde Floriza tinha vivido os tempos idílicos de sua infância.

Em narrativa interessante e saborosa, com muita emoção e acuidade de observação, ela descreve o processo de constituição de uma fazenda de café, onde existiam "árvores colossais de jequitibás, figueiras, perobeiras, jangadas, em cujas copadas pousavam os pássaros, araras e papagaios, vindos dos sertões mais longínquos" (p. 91). Dentro da jovem mãe, que investia sua energia na construção de um ambiente definido a partir de sua própria experiência familiar, a menina travessa que gostava de subir nas árvores e pegar fruta no pé deve ter se encantado com a beleza da natureza ainda pouco tocada pelo trabalho humano. A ocupação da terra começou com a derrubada das "árvores colossais", transformadas em pranchas e toras de madeira utilizadas nas edificações.

À medida que narra os episódios registrados pela sua lembrança, desvenda para quem a lê não só o âmbito da casa e dos cuidados com a família, com a horta, o pomar, o jardim, a criação, a construção de um ambiente doméstico mais confortável, mas também o trato com as famílias dos colonos, que acudia em necessidades urgentes. Para atender os enfermos, contava com parcos recursos e a ajuda do dicionário de medicina de Chernoviz — presença obrigatória em todas as casas remediadas e que na ausência de médicos orientava o tratamento das doenças e dos ferimentos. No início da abertura da fazenda era ela quem cuidava da alimentação dos camaradas que trabalhavam na derrubada da mata, na limpeza do terreno, no plantio das mudas de café. Depois de as primeiras safras terem remunerado os empreiteiros que criaram os cafezais, estes se tornavam responsabilidade dos colonos, moradores da fazenda, e suas mulheres passavam a alimentá-los. É grande e evidente a participação de Floriza em trabalhos que extrapolam os limites da casa, da horta e do pomar, principalmente quando emergências apareciam. Num dos incêndios que por duas vezes destruíram a tulha, trabalhou ao lado dos homens tentando salvar algo dos grãos encharcados pela água, que apagou o fogo mas molhou o café.

As peripécias vividas em Lençóis, levantando a fazenda, criando os filhos, melhorando a moradia, convivendo com os vizinhos, transitando pelos caminhos precários, são lembradas pela autora, que se detém com mais vagar nos primeiros momentos da vida familiar, nos quais são maiores as dificuldades, e que correspondem aos últimos anos do século XIX e aos primeiros do século XX. A ajuda da família, que fez o empréstimo inicial com condições de pagamento camaradas e que esteve presente nos períodos de grande necessidade, e a tenacidade de Floriza, que se vangloria de ter transmitido ânimo ao marido abatido pelos insucessos, levaram o casal laborioso a prosperar.

Nessa trajetória a narradora reconhece o papel desempenhado pelos colonos quando diz que contaram "com o seu valioso trabalho, para transformar aquelas matas em cafezais, e estes, em fonte de rendas que garantiriam a formação de muitos outros cafezais, e o futuro dos nossos filhos" (p. 93). Enquanto o pai desistiu de lidar com os cafezais depois da libertação dos escravos, ela e o marido se adaptaram às novas relações de trabalho. Desde o início da vida na fazenda em que ela passou a exercer a função que antes vira a mãe desempenhar, manteve forte ligação com as famílias estrangeiras, de início doze. Lembrava-lhes os nomes, detalhes dos familiares, episódios marcantes, como doenças e incidentes.

Minuciosa na descrição de vários aspectos da montagem e funcionamento da fazenda do Engenho, Floriza fornece em suas recordações um quadro precioso da sociedade da época, da rede de solidariedades e obrigações tecida pelas relações de parentesco e compadrio, do respeito dirigido à tradição, indo muito além de um também presente panorama sobre o cotidiano feminino. A menina levada que pegava com a mão qualquer tipo de bicho se tornou uma mulher desbravadora, corajosa, a quem os obstáculos não intimidaram e que manteve o lugar social de sua família de origem, conquistando riqueza e oferecendo o que havia de melhor aos filhos, graças às safras de café bem-sucedidas e aos bons preços por elas obtidos.

Depois do começo cheio de privações, o enriquecimento resultante do trabalho e capital investidos proporcionou à família o acesso a hábitos de consumo requintados e estadas na Europa, por onde o casal viajou ao menos duas vezes. Uma para visitar dois filhos que estudavam em Londres, outra na companhia das filhas menores. Há um enorme contraste entre o início e o final de sua vida, entre a casinha velha e maltratada de quando chegaram às novas terras e a casa em São Paulo, na avenida Paulista, as viagens à Europa e a educação dos filhos e filhas nas melhores escolas.

Mas a bonança não durou. As causas de seu fim são mencionadas muito brevemente: um investimento malsucedido na cultura do algodão, a invasão dos cafezais pela broca e uma "dívida para com o Banco do Estado, para salvar a situação do filho" (p. 214). E assim a narrativa termina abruptamente, seguida de apêndices do texto, cada um com seu título próprio, a maioria deles sobre pessoas que trabalharam na fazenda. No final de suas recordações, Floriza fala um pouco a respeito de cada um de seus colonos, camaradas contratados, empregados, cujo número foi aumentando com o crescimento dos cafezais e das instalações da fazenda. A um deles, conhecido como João Carreiro, presta uma homenagem mencionando com mais vagar suas qualidades: trabalhador com talentos especiais, "camarada honesto, humilde e de inteira confiança" (p. 249), que "nunca se aliou aos descontentes", "conformado, suporta tudo sem se queixar" (p. 250). Se no passado um escravo com essas características poderia obter de seu senhor a alforria, a autora termina a apresentação desse trabalhador dizendo que "seria muito justo que, depois de tantos e bons anos de serviços prestados na fazenda, João fosse contemplado ali com um pedaço de chão, ou com uma casinha na povoação para viver o resto dos seus anos" (p. 250). Redação que nos deixa na dúvida se tal gesto foi realizado ou ficou apenas na intenção.

O seu último relato é sobre nhá Tuda, a mulher que mais a ajudou ao longo da vida, socorrendo-a nos momentos difíceis, como fazem as pessoas prestativas e generosas. Serviçal dedicada, trabalhadeira, competente, considerada "parte mesmo da família" (p. 262). Com ela Floriza parece ter estabelecido um vínculo de natureza eminentemente feminina, que passa pela feitura da comida, pela lida com a casa e com as filhas e filhos, e que tem como parâmetro as escravas domésticas e a mãe preta. Diferentemente da colona estrangeira que não abre mão de cuidar de sua família e dormir em sua casa, nhá Tuda deixa os próprios filhos com outra pessoa para acudir a patroa, que assim se sente querida mais do que respeitada ou temida, e entende que o afeto que oferece de volta é parte importante do pagamento dos serviços prestados. Nhá Tuda é a trabalhadora doméstica que se assemelha à escrava e que ocupa um espaço especial nas suas lembranças não só pelo auxílio por longo tempo prestado, mas por representar uma continuidade com o passado idílico da narradora.

Estas *Páginas de recordações* trazem para o presente um tempo passado, contam sobre situações formadoras de nossa sociedade, permitem ao leitor sentir experiências alheias e, submetidas a uma crítica textual, expõem a mentalidade de uma era. É uma narrativa que não foi escrita para ser publicada, feita por uma mulher de fibra extraordinária, que pouco revelou acerca dos aspectos mais íntimos de sua vida, e que quanto mais madura menos se mostrou: quase não fala sobre a existência próspera que ela e o marido conseguiram construir. O que Floriza fez foi retratar com sensibilidade o ambiente circundante, de forma condizente com uma personalidade feminina moldada pela sua época. Deixou um registro extremamente rico, que, ao sair da gaveta em que esteve guardado e ganhar o mundo, ilumina vários aspectos do nosso passado.

Marina de Mello e Souza é professora do Departamento de História da Faculdade de Filosofia, Letras e Ciências Humanas da Universidade de São Paulo, autora de vários artigos publicados em revistas acadêmicas e de divulgação e dos livros Paraty: a cidade e as festas; Reis negros no Brasil escravista: história da festa de coroação de Rei Congo; África e Brasil africano (*vencedor do prêmio Jabuti na categoria didáticos e paradidáticos em 2007*), *e* Além do visível: poder, catolicismo e comércio no Congo e em Angola (séculos XVI e XVII). *Em criança, viu de perto na fazenda de café de seus avós maternos muito do que Floriza descreve.*

NOTAS

PÁGINAS DE RECORDAÇÕES (P. 6-263)

1 O manuscrito de Floriza Barboza Ferraz se perdeu, assim como os recortes e imagens colados por Floriza em suas memórias. Esta edição reproduz o texto e as imagens tais quais conservados em cópia da família. Mantiveram-se a sintaxe e a pontuação do original (exceto nos casos em que dificultavam a compreensão), e a ortografia foi atualizada. (N. do E.)

POSFÁCIO (P. 269-86)

1 A tese de doutorado de Marina Maluf, publicada com o título de *Ruídos da memória* (São Paulo: Siciliano, 1995), tomou o manuscrito de Floriza como uma de suas principais fontes.

2 Maria Paes de Barros, *No tempo de dantes*. Prefácio de Monteiro Lobato, introdução de Caio Prado Júnior. São Paulo: Paz e Terra, 1988 (1.ª ed.: 1946).

Este livro foi composto em Freight text em fevereiro de 2020.